HERÓIS DA IGREJA

HERÓIS DA IGREJA

Grandes nomes da história do cristianismo

VOLUME 3
A ERA DA REFORMA

—

Editado por
AL TRUESDALE

Traduzido por Cláudia Santana Martins

Edição
Daniel Faria
Revisão
Natália Custódio
Produção e diagramação
Felipe Marques
Colaboração
Ana Luiza Ferreira
Capa
Maquinaria Studio

CIP-Brasil. Catalogação na publicação
Sindicato Nacional dos Editores de Livros, RJ

H48
v. 3

Heróis da igreja : grandes nomes da história do cristianismo :
a era da reforma, volume 3 / editado por Al Truesdale ;
traduzido por Cláudia Santana Martins. - 1. ed. - São Paulo :
Mundo Cristão, 2020.
    224 p. (Heróis da igreja ; 3)

    Tradução de: The book of saints : the reforming era
    ISBN 978-85-433-0498-4

    1. História da igreja - Séc. XVI. 2. História da igreja - Séc
XVII. 3. Reforma protestante. 4. Santos cristãos. I. Truesdale,
Al. II. Martins, Cláudia Santana. III. Série.

19-61603   CDD: 270.6
                                 CDU: 27-9"1517/1648"

Categoria: Espiritualidade
1ª edição: março de 2020
Impressão digital sob demanda

Publicado no Brasil com todos
os direitos reservados por:

Editora Mundo Cristão
Rua Antônio Carlos Tacconi, 69
São Paulo, SP, Brasil
CEP 04810-020
Telefone: (11) 2127-4147
www.mundocristao.com.br

SUMÁRIO

Assim como o pão é feito de muitos grãos, triturados pelo moinho, misturados com a água e assados no forno pelo fogo, também a Igreja de Deus é feita de muitos crentes que tiveram o coração triturado pelo martelo da Palavra divina e foram batizados com a água do Espírito Santo e o fogo do puro amor.
Menno Simons, "A santa Ceia do Senhor", em *Fundamento e instrução clara da doutrina salvadora de nosso Senhor Jesus Cristo*

+ + +

A Igreja, como comunhão de diferentes povos e eras, em entendimento e enriquecimento mútuos, é danificada, limitada e dividida por uma crença total infundada na verdade de cada um, que de fato merece mais o nome de heresia.
Charles Taylor, *Uma era secular*

INTRODUÇÃO

Uma verdade extremamente difícil para os cristãos e a igreja abraçarem é a de que o Deus trino e uno é livre — livre para *ser ele mesmo* e livre para ser *firmemente fiel a si mesmo* (Rm 3.21-26). Não há idolatria maior que nosso persistente hábito de procurar fazer do Deus soberano um aliado incondicional de nossas ideias, etnias, políticas e afiliações confessionais. Nós nos perguntamos: "Por que Deus iria transgredir nossas fronteiras incontestáveis?".

A Bíblia conta a extraordinária história desse Deus livre, que, ao ser fiel a si mesmo, também é fiel a nós e à criação (Sl 100.4-5). Suas páginas estão repletas de pessoas que viram ruir fronteiras que elas julgavam que Deus deveria reconhecer. Considere os exemplos no Antigo Testamento dos profetas Habacuque e Jonas e no Novo Testamento dos fariseus, de Pedro subindo ao terraço em Jope e de Saulo de Tarso detido por Cristo a caminho de Damasco. A Bíblia também está repleta de pessoas que se tornaram alegres beneficiárias do Deus livre e generoso. Os habitantes de Nínive, Maria Madalena, Zaqueu e a mulher samaritana junto ao poço são exemplos proeminentes. O papa Francisco chama essa característica de "liberdade incontrolável da Palavra" e "ação livre e generosa do Espírito Santo". A igreja deve abraçar alegremente a liberdade da Palavra "que é eficaz a seu modo e sob formas tão variadas que muitas vezes nos escapam, superando nossas previsões e quebrando nossos esquemas" (*Evangelii Gaudium*, cap. 1, § 22; cap. 2, § 246).

Essencial para a verdadeira devoção é estar disposto a deixar que Deus seja Deus à maneira dele. Isso representa um desafio para a igreja em sua forma institucional, agora visivelmente fragmentada, contrariamente ao que diz a Oração Sacerdotal de Jesus (Jo 17.1-26). Cada fragmento parece pronto a reivindicar a aprovação de Deus. Leve em conta, por exemplo, esta placa que vimos no centro-oeste dos Estados Unidos: A Terceira Igreja da Verdadeira Santidade, Unificada. Apesar de todas as diferenças doutrinais no corpo de Cristo, existe um ecumenismo no Espírito Santo que transcende fronteiras. O Espírito encontra formas de nos lembrar de que há "um só Senhor, uma só fé, um só batismo, um só Deus e Pai de tudo, o qual está sobre todos, em todos, e vive por meio de todos" (Ef 4.5). Ele não pode ser encurralado ou imobilizado por diferenças sectárias. Continua a testemunhar de Cristo como o Redentor do mundo, a distribuir os dons de Cristo para a igreja e a chamar a todos nós para o caminho da cruz, independentemente de quão inadequada seja a nossa compreensão.

Este livro é uma janela para as atividades do Deus livre durante um período na história da igreja marcado por divisões hostis, muitas das quais persistem ainda hoje. Não é nosso objetivo discutir os motivos dessas divisões. Em vez disso, escutaremos o Espírito enquanto ele fala acima do alarido dos conflitos religiosos e age para formar a imagem de Cristo em seu povo. A cura da igreja pode resultar de escutarmos o Deus livre trino e uno, confiarmos nele e lembrarmos que todos os cristãos são companheiros de peregrinação, aprendendo uns com os outros. Em 1749, John Wesley expressou essa atitude para um conhecido seu que era católico romano: "Esforcemo-nos por auxiliar uns aos outros naquilo em que estamos de acordo que conduz ao reino. [...] Regozijemo-nos sempre em unir nossas mãos no serviço de Deus" ("Carta a um católico romano", séc. 17, em *Obras*, 10:86).

Os textos deste volume foram escritos por cristãos que viveram durante a Reforma Protestante e a Reforma Católica (às vezes incorretamente denominada Contrarreforma) no século 16 e durante o período que se seguiu, no século 17. A divisão formal entre a Igreja do Oriente e a do Ocidente ocorreu cinco séculos antes (1054 d.C.). São raros os textos de personalidades da Igreja Ortodoxa do Oriente dos séculos 16 e 17.

Um breve esboço biográfico precede os textos selecionados de cada personalidade aqui mencionada. Uma oração (muitas vezes um hino) e referências bíblicas* para reflexão acompanham cada leitura. Em muitos casos, foi necessário parafrasear as traduções em domínio público.

---

* Referências bíblicas em negrito identificam versículos bíblicos citados ou parafraseados nos excertos selecionados e nas orações.

CATARINA DE GÊNOVA
(1447–1510)
(CATERINA FIESCHI ADORNO)

No século 20, Madre Teresa se tornou conhecida pelo serviço abnegado que prestava aos pobres de Calcutá. No século 15, em Gênova, na Itália, um trabalho similar estava sendo feito pela mulher que agora conhecemos como Catarina de Gênova. A mais jovem de cinco filhos, Catarina nasceu em uma família aristocrática genovesa. O pai fora vice-rei, ou governador nomeado, de Nápoles. Havia dois papas em sua linhagem familiar. Quando Catarina nasceu, o Renascimento italiano estava em seu segundo século. Iniciando-se em Florença e espalhando-se por toda a Europa, o Renascimento foi um notável movimento cultural marcado pela criatividade explosiva no mundo acadêmico, na ciência, na arte, na música, na arquitetura, na filosofia e na literatura. Os vínculos aristocráticos de Catarina teriam permitido que ela entrasse em contato com o mundo deslumbrante da cultura do Renascimento. Em vez disso, porém, ela "desprezava o orgulho das origens e abominava o luxo" (*A vida e a doutrina*, cap. 1). Catarina escolheu dedicar a vida a um amplo segmento da sociedade que não tinha lugar à mesa do Renascimento.

Catarina foi uma criança quieta e obediente, com talento para a oração e amor pela paixão de Cristo. Aos 13 anos, pediu para ingressar no convento de Nossa Senhora da Graça, mas foi rejeitada em razão da idade. Aos 16, os pais lhe arranjaram um casamento com um jovem nobre chamado Juliano Adorno. O casamento foi infeliz desde o início. Juliano revelou-se perdulário, acabando por levar o casal à pobreza. Era infiel e possuía um gênio violento. Nos primeiros cinco anos de casamento, Catarina sofreu em silêncio e tristeza. Durante os cinco anos seguintes, voltou-se para o mundo exterior, dedicando-se a diversões inocentes, enquanto a paixão por Deus definhava. Aos 26, profundamente perturbada com o declínio religioso que atravessava, Catarina procurou renovar o amor inicial. Encorajada pela irmã, que era freira, Catarina foi a um convento em Gênova para orar. Mal havia se ajoelhado para confessar os pecados quando sentiu um raio de luz divina, uma visita que revelou a santidade de Deus e os pecados dela. A revelação foi tão intensa que ela experimentou um êxtase transformador; havia sido "ferida" pelo amor divino (cap. 2). A chama do amor a Deus foi reavivada e nunca mais esmaeceu.

Catarina começou a visitar os bairros pobres de Gênova para ajudar os que viviam na miséria, uma atividade nada fácil para uma aristocrata. Ela "limpava as casas da sujeira mais repugnante" (cap. 8). A nova vida de Catarina ofereceu a Juliano um modelo tão sólido de disciplina cristã que ele aderiu ao cristianismo. Mais tarde, ele se tornou terciário franciscano. Todavia, como os gastos imprudentes anteriores de Juliano haviam reduzido o casal à pobreza, eles decidiram, em 1479, mudar-se para o Hospital Pammatone, um dos primeiros hospitais públicos na Europa (fundado em 1423). Lá, devotaram-se completamente a obras de caridade. Em 1490, Catarina tornou-se superintendente do hospital. Então, no início da primavera de 1493, a peste bubônica se alastrou por Gênova. Dos que permaneceram na cidade, 80% morreram. Sob tendas de lona, Catarina supervisionava o cuidado dos moribundos, e Juliano trabalhava a seu lado. Ele morreu em 1497. Consumida pelo fogo do amor divino, Catarina acabou se exaurindo nessa tarefa de cuidar dos doentes e desprovidos.

Perto do fim da vida, Catarina revelou os encontros divinos que vivenciara ao padre Marabotti, seu diretor espiritual e sucessor como superintendente. Mais tarde, o padre Marabotti compilou e publicou as memórias de Catarina, intituladas *A vida e a doutrina de Santa Catarina de Gênova*. Além da biografia de Catarina, esse livro inclui suas duas obras mais importantes: *Diálogo espiritual* e *Tratado do purgatório*. Catarina morreu em 15 de setembro de 1510. Foi canonizada (ato pelo qual uma pessoa é declarada santa) pelo papa Clemente XII em 1737.

◇◇◇◇◇◇◇ **1** ◇◇◇◇◇◇◇

Aquele cujo coração é puro sabe que o amor de Deus opera em segredo, sutilmente e sem aviso. Os filhos de Deus talvez perguntem: "Ó Senhor, que tipo de amor é esse, que muda constantemente uma pessoa de boa a melhor, conduzindo-a mais perto do teu objetivo para ela? Mas, quanto mais perto chega, mais profundo e difícil de compreender ela reconhece ser o amor de Deus".

O amor de Deus é chama divina. O fogo físico queima enquanto houver material combustível à disposição. Nos filhos de Deus o amor divino sempre se move em direção ao objetivo; nunca deixa de beneficiar e servir a quem está a seus cuidados. Quem não conhece o poder do amor de Deus tem a si mesmo a culpar, pois Deus nunca deixa de amar.

Ah, o grande amor de Deus! Não posso me calar. Todavia, não consigo falar como deveria sobre as obras de Deus. Estou tomada por um amor que me inspira a falar, mas que me priva da habilidade e da força para falar tal como anseio. Assim, com o coração e a mente estou pronta a exultar no amor de Deus, mas a minha pobre língua me trai.

Catarina de Gênova, *Diálogo espiritual*, parte 3, cap. 4 (*A vida e a doutrina de Santa Catarina de Gênova*)

Ó Senhor Jesus, que meu coração sempre te busque, te encontre, medite sobre ti, fale de ti e faça tudo em louvor e glória do teu nome, com humildade e discrição, com amor e desfrute, com perseverança até o fim; e que tu sejas sempre minha Esperança, minha inteira Segurança, minha Riqueza, meu Deleite, meu Prazer, minha Alegria, meu Descanso e Tranquilidade, minha Paz, meu Alimento, meu Refúgio, meu Auxílio, minha Sabedoria, meu Tesouro. Que em ti meu coração e minha mente estejam sempre fixados e enraizados com firmeza. Amém.

Boaventura (1217–1274), "Orações de São Boaventura", Liturgies.net

---

PARA REFLETIR: Sl 70.4-5; 90.9-16; 116.1-19; Mt 5.43-48; Jo 3.16-21; Rm 5.1-11; 8.37-38; 1Co 2.9; 2Ts 3.1-5; Tt 3.1-11; 1Jo 3.18-22; 4.7-12

◇◇◇◇◇◇ **2** ◇◇◇◇◇◇

O amor de Deus nos traz todo o bem e bane todo o mal. Ó fogo do amor, o que tu operas nos cristãos? Tu os purificas como o ouro é purificado; então os transportas ao país celestial.

Se eu pudesse enunciar o amor de Deus que me enche o coração, todos os humanos se inflamariam, por mais distantes do amor de Deus que pudessem estar. Antes que eu deixe esta vida, ao menos uma vez, ó Senhor, deixa-me falar do teu amor como eu o tenho vivenciado. Deixa-me contar o que o teu amor exige daqueles que o recebem.

Ó divino amor, com tua ternura podes quebrar um coração mais duro que a pedra, ou derretê-lo como cera. Ó divino amor, fazes os grandes homens se considerarem os menores sobre a terra, e os mais ricos se acharem os mais pobres. Ó divino amor, fazes a sabedoria deste mundo parecer tolice. Aos instruídos proporcionas um entendimento que ultrapassa todo o seu conhecimento. Ó divino amor, executas todo o trabalho de salvação, que não conseguimos entender nem iniciar. Ó divino amor, mesmo que um coração humano seja quase desprovido de amor, uma faísca é suficiente para fazê-lo incendiar-se, abandonar tudo e seguir-te.

CATARINA DE GÊNOVA, *DIÁLOGO ESPIRITUAL*, PARTE 3, CAP. 5 (*A VIDA E A DOUTRINA DE SANTA CATARINA DE GÊNOVA*)

Ó Senhor, entrego-me a ti. Não sei para o que sirvo além de me transformar em um inferno sem ti. Ó Senhor, anseio fazer este acordo contigo: entregarei meu ser pecaminoso em tuas mãos. Só tu podes ocultá-lo em tua misericórdia. Preenche-me completamente com teu amor, que ilumina todos os outros amores. Amém.

CATARINA DE GÊNOVA, *DIÁLOGO ESPIRITUAL*, PARTE I, CAP. I2
(*A VIDA E A DOUTRINA DE SANTA CATARINA DE GÊNOVA*)

PARA REFLETIR: 2Sm 22.1-51; Sl 25.1-22; 42.5-11; 63.1-8; Is 12.1-6; 38.9-15; 43.1-21; Jo 14.15-31; 1Co 1.18-31; Ef 2.1-10; Ap 5.1-10; 7.13-17

MARTINHO LUTERO
(1483–1546)

Impressões equivocadas podem ser difíceis de eliminar. Uma dessas impressões é a de que, em 31 de outubro de 1517, quando um monge agostiniano chamado Martinho Lutero pregou 95 teses na porta da igreja universitária em Wittenberg, na Alemanha, ele queria iniciar uma revolução que fragmentaria a cristandade ocidental. Na verdade, Lutero estava convocando um debate sobre práticas que considerava abusivas e contrárias às Escrituras. A porta era um quadro de avisos da comunidade. Lutero estava incomodado porque indulgências* plenárias (totais) estavam sendo vendidas de modo inadequado em um distrito das redondezas.

Moradores de Wittenberg estavam atravessando a fronteira para comprá-las. As teses de Lutero desafiavam a prática e sua justificativa eclesiástica. Sua confiança na essência teológica da igreja e das Escrituras, e não a revolta contra a igreja, motivou aquela ação. Só com relutância Lutero concluiu que as reformas que estava apoiando não seriam endossadas pelo papa Leão X (que exerceu o papado de 1513 a 1521). Embora uma bula† papal já houvesse sido emitida (em 15 de junho de 1520) ameaçando Lutero de excomunhão, na "Carta aberta ao papa Leão X", escrita em 1520 em introdução ao tratado *Da liberdade do cristão*, ele expressa confiança de que, se conseguisse ultrapassar o círculo burocrático que cercava o papa, este iria concordar com ele. Lutero refere-se a Leão como um "Daniel na Babilônia" e dirige-se a ele como seu "beatíssimo pai".

---

* Uma indulgência é a remissão nesta vida ou no purgatório da pena temporal dos pecados, cuja culpa teria sido absolvida pelos sacramentos do batismo e da confissão.

† Documento oficial emitido pelo papa ou seus representantes, assim nomeada devido ao selo de chumbo (*bulla*) aplicado ao final do documento para autenticá-lo.

Martinho Lutero é uma das figuras mais brilhantes, complexas e influentes na história do cristianismo. Ele despontou em um cenário onde o terreno para a reforma religiosa, intelectual e política já havia sido preparado. Os desenfreados abusos eclesiásticos (p. ex., a compra e venda de cargos eclesiásticos, os pesados impostos papais) haviam gerado um clima de agitação. Uma reforma substancial ocorrera anteriormente em algumas ordens monásticas (p. ex., os beneditinos no século 10). As reformas centradas na Bíblia de John Wycliffe na Inglaterra (c. 1330–1384) e Jan Huss (c. 1369–1415) em Praga ajudaram a preparar o cenário para Lutero. Em 1516, o humanista Desidério Erasmo (1466–1536) produziu uma nova versão em grego do Novo Testamento que Lutero traduziria para o alemão (1522). Apenas o contexto, contudo, não explica a jornada angustiante, mas bem-sucedida, de Lutero até o Deus de toda graça.

Lutero nasceu em Eisleben, na Alemanha, de pais camponeses de devoção simples, uma formação que ficou gravada para sempre em seu temperamento. O pai, mineiro, era mais ambicioso que a maioria dos camponeses: o filho seria educado para uma carreira jurídica. Quando se formou na Universidade de Erfurt em 1505, Lutero estava pronto para estudar direito. Mas os planos foram alterados com a morte de um amigo e uma experiência assustadora durante uma tempestade, quando ele fez o juramento de se tornar monge. Em 1505, ingressou em um mosteiro agostiniano em Erfurt. Havia muito tempo ele se inquietava com seu senso de pecaminosidade e com sua total incapacidade de aplacar a ira de Deus. Por mais que Lutero se esforçasse para ficar em paz com Deus, jamais conseguia.

Ordenado sacerdote em 1507, em 1509 Lutero foi enviado por seus superiores a Wittenberg para que se preparasse para o magistério naquela universidade então recém-fundada (1502). Em 1510, viajou a Roma, onde ficou consternado pelos baixos padrões morais e religiosos da corte papal. Embora os colegas de Lutero o admirassem por sua devoção, a paz com Deus continuava-lhe inatingível. Em 1512, começou suas palestras sobre as Escrituras. Por meio do estudo da Bíblia, Lutero finalmente chegou à descoberta fundamental que caracterizaria a Reforma Protestante. Enquanto estudava os textos bíblicos, o evangelho de Jesus Cristo o deslumbrou. Percebeu que as boas-novas do evangelho é que, pela fé no Cristo Redentor, ele podia se reconciliar completamente com Deus apenas pela graça, sem levar em consideração obras de mérito que haviam se mostrado improdutivas e obstrutivas. Entendeu também que, por meio do Espírito, podia assegurar-se da livre graça reconciliadora de Deus, recebida pelo batismo e pela Eucaristia.

◇◇◇◇◇◇◇ **3** ◇◇◇◇◇◇◇

A primeira, suprema e mais preciosa de todas as boas obras é a fé em Cristo Redentor. Jesus disse que a única obra que Deus quer de nós é que creiamos "naquele que ele enviou". Não devemos passar rapidamente por essa questão; devemos nela nos deter longamente para examinar as palavras de Jesus. Pois da fé procedem todas as boas obras subsequentes, e pela fé elas recebem a virtude.

Existem muitos que oram, instituem fundações e levam uma vida virtuosa. Mas, se lhes perguntam se têm convicção de estarem agradando a Deus, eles responderiam "não". Certos homens eruditos nada fazem além de ensinar boas obras. Mas as obras que eles exigem são feitas fora da fé em Cristo, a primeira e mais preciosa de todas as boas obras. Tais obras estão mortas, e a consciência permanece incerta em relação a Deus. Essas pessoas carecem da fé primordial em Cristo, por isso ficam inseguras em relação às obras. Sem a confiança salvadora em Cristo, as pessoas serão atormentadas por uma consciência inquieta em relação a Deus, pois às suas obras falta a cabeça. Toda a sua virtude nada é.

Quando exalto a fé e rejeito obras feitas fora da fé em Cristo, meus críticos me acusam de proibir as boas obras, quando, na verdade, estou me esforçando para ensinar boas obras que provêm da fé como fruto.

Martinho Lutero, Das boas obras, seção 2

Concede, ó Pai celestial, que confiemos em ti tão fielmente e amemos uns aos outros tão ardorosamente, sempre vivendo em temor a ti e em obediência à tua lei sagrada e à tua vontade abençoada, que, sendo frutíferos em todas as boas obras, possamos viver de acordo com teu desejo e, mais tarde, alcançar a vida verdadeira e imortal, onde vives e reinas, por todos os séculos. Amém.

Thomas Becon (1511–1567), Orações: antigas e modernas

PARA REFLETIR: Jo 6.25-40; Rm 1.16-17; 3.19-31; 4.13—5.21; 8.1-17; Gl 3.21-25; 5.16-26; Ef 2.1-10; Cl 3.1-4; 2Pe 1.2-11; 3.11-13

4

O cristão é *livre senhor de tudo e não sujeito a ninguém*; o cristão é *o mais dedicado servo de tudo e sujeito a todos*. Essas duas afirmações parecem contraditórias. Mas, se concordam uma com a outra, explicam o evangelho muito bem.

Todo cristão está, pela fé em Cristo, tão acima da dependência de obras que, em virtude de ser redimido pelo poder de Deus, ele é senhor de todas as coisas. Nada pode roubar-lhe o dom da salvação. Tudo é subordinado à fé em Cristo. Isso não significa que os cristãos sejam colocados acima de todas as coisas para controlá-las pela força física.

Na medida em que um cristão é livre da dependência em relação às obras, porque é redimido pela graça apenas pela fé, ele não executa obras. Ele é livre senhor de tudo e possui todas as coisas. Mas, agora que está livre das obras como meio para obter a salvação, ele é servo de todas as coisas; faz todos os tipos de obras que cumprem a lei. Essa é a fé que opera por meio do amor obediente. É a ocupação singular do cristão servir a Deus e ao próximo com alegria e sem pensar em ganhos.

Martinho Lutero, *Da liberdade do cristão*

Ó Senhor, faz da tua lei o nosso prazer. Planta em nosso coração aquele amor que cumpre a lei. Ensina-nos a amar-te com toda a nossa vontade e com todo o nosso ser, e ao próximo como a nós mesmos. Não nos deixes dividir teus mandamentos em grandes e pequenos, segundo nossas preferências arbitrárias. E concede-nos a graça de receber com humildade, como claramente nos ensinaste, que aquele que transgride em um ponto é culpado de transgredir toda a lei. Amém.

Christina Georgina Rossetti (1830–1894), *Orações: antigas e modernas*

PARA REFLETIR: Rm 8.1-4,28; **13.8**; 14.1-23; **1Co** 2.10-14; 3.21-23; **9.19**; Gl 5.1-6,13-21; 1Tm 2.3-7; Tg 1.22—2.17; 1Pe 1.13-23; 2.1-25

Como pode a pessoa interior se tornar um cristão justo, livre e piedoso, ou seja, uma pessoa espiritual, nova e interior? Com certeza nenhuma coisa externa tem poder de gerar a liberdade e a justiça cristãs.

Que utilidade pode ter à alma que o corpo tenha boa saúde, liberdade e esteja cheio de vida, que coma, beba e faça o que bem entender, quando até as pessoas mais ímpias podem fazer tudo isso? Por outro lado, que prejuízo trará à alma a saúde ruim, o cativeiro, a fome, a sede ou qualquer outro mal externo, quando até as pessoas mais piedosas e mais livres na pureza de consciência diante do Senhor são atormentadas por essas coisas? Nenhum desses incômodos tem nada que ver com a liberdade ou escravidão da alma.

Uma coisa, e apenas uma, é necessária para a vida, a justificação e a liberdade cristãs, e é a santíssima Palavra de Deus, o evangelho de Cristo. Tenhamos como certo, portanto, e firmemente estabelecido que a alma não precisa de nada além da Palavra de Deus, sem a qual nenhuma de suas necessidades é atendida. Entretanto, tendo a Palavra, o cristão é rico e de nada carece, pois essa é a Palavra de vida, verdade, luz, paz, justificação, salvação, alegria, liberdade, sabedoria, virtude, graça, glória e tudo que é bom.

Martinho Lutero, Da liberdade do cristão

Que Deus nos ilumine a todos pelo Espírito Santo, para que sejamos sinceros e sem faltas, tanto em nossa fé quanto em nossa vida, até o dia de Cristo (que está próximo), sendo alimentados com os frutos da retidão, para a glória e o louvor de Deus! Amém.

Johann Arndt (1555–1621), O verdadeiro cristianismo,
prefácio ao livro 1, § 8

PARA REFLETIR: Mt 4.4; 11.1-6; Mc 8.31-38; Jo 1.1-18; 3.1-22; 7.37-44; 8.26; 11.25; Rm 5.1-11; 2Co 8.9; Ef 2.1-10; 1Ts 2.1-8

Não há maior favor de Deus que enviar sua Palavra. Mas o que é essa Palavra? O apóstolo Paulo diz que a Palavra de Deus é o evangelho de Deus a respeito de seu Filho, que se fez carne, sofreu, ressuscitou e foi glorificado pelo Espírito santificador. Pregar a Cristo significa alimentar a alma, torná-la reta, libertá-la e salvá-la, desde que ela acredite na pregação. Só a fé constitui uso salutar e eficaz da Palavra de Deus. A Palavra de Deus não pode ser recebida e reverenciada por obras, senão apenas pela fé em Cristo. Como a alma necessita apenas da Palavra para a vida e a justificação, assim também ela é justificada apenas pela fé. Se pudesse ser justificada por obras, não haveria necessidade da Palavra ou da fé.

A fé não pode existir em conexão com as obras. Se você pensa que pode ser justificado por obras em conexão com a fé, isso significaria hesitar entre duas opiniões. Quando começa a crer em Cristo, aprende que tudo em você é absolutamente censurável, pecaminoso e condenável. Quando tiver aprendido isso, saberá que Cristo, a Palavra, é absolutamente necessário; ele sofreu e ressuscitou para que, pela fé, você se torne uma nova pessoa; seus pecados são perdoados e justificados tão somente pelos méritos de Jesus Cristo.

MARTINHO LUTERO, DA LIBERDADE DO CRISTÃO

Ó Deus eterno, confessamos alegremente que nossa salvação e justiça estão fundadas inteiramente em tua graça eterna dada a nós por meio da pessoa e missão do Senhor Jesus Cristo. Confessamos que só nele nos tornamos justos, santos, vivos, abençoados, filhos e herdeiros de Deus.

JOHANN ARNDT (1555–1621), O VERDADEIRO CRISTIANISMO,
BASEADO NO LIVRO 2, CAP. 3, § 10

PARA REFLETIR: Hc 2.4; At 2.14-38; Rm 1.1-17; 3.10-12,21-23; 10.4,9; Gl 3.1-14

Todo cristão deve se preocupar em rejeitar toda confiança em obras e reforçar cada vez mais apenas a fé e, pela fé, ampliar o conhecimento, não de obras, mas de Cristo Jesus, que sofreu e ressuscitou por nós.

A verdadeira fé em Cristo é um tesouro incomparável, trazendo consigo a salvação e preservando-nos de todo mal. A fé, que cumpre totalmente a exigência da lei de que adoremos apenas a Deus, encherá os crentes com tanta retidão que eles não necessitarão de nenhuma outra justificação. Mas como é possível que apenas a fé justifique e, sem obras de mérito, proporcione um tesouro tão rico, quando a Bíblia prescreve tantas obras, cerimônias e leis?

A Bíblia está dividida em duas partes: preceitos e promessas. Os preceitos realmente ensinam o que é bom. Ensinam-nos o que devemos fazer, mas não nos dão o poder para fazê-lo. Eles nos revelam a nós mesmos, para que, por meio deles, conheçamos nossa impotência para o bem e desesperemos de nossa própria força.

Portanto, para podermos cumprir a lei, que é boa, e tendo desesperado de nossa própria capacidade, precisamos buscar auxílio em outra parte. É aí que entra a outra parte das Escrituras: as promessas de Deus. Elas ensinam: "Creia em Cristo, que lhe promete graça, justiça, paz e liberdade".

Martinho Lutero, Da liberdade do cristão

A ti oramos, ó Senhor, para que tua graça sempre nos preceda e nos acompanhe, e que estejamos sempre atentos às boas obras que devemos fazer. Por nosso Senhor Jesus Cristo, teu Filho. Amém.

"Vigésimo oitavo domingo do tempo comum", Coleta,
Missal romano

PARA REFLETIR: Mc 16.16; Jo 6.27-29,41-69; 7.31-52; **Rm** 5.6-11; 6.1-14; 10.5-10; Ef 2.1-22; Fp 3.7-16; Hb 10.1-23

8

As promessas de Deus são palavras de santidade, verdade, retidão, liberdade, paz, e plenas de bondade. O cristão que se atém a elas com fé firme está tão unido às promessas e por elas absorvido que não apenas compartilha de sua força como também se impregna de suas virtudes. Se no Novo Testamento o toque físico de Cristo trazia a cura, quão mais intenso será esse toque espiritual e nossa recepção da Palavra, que nos comunicará tudo o que é próprio do evangelho de Jesus Cristo! Dessa forma, apenas pela fé e sem obras, a pessoa é justificada pela Palavra de Deus, santificada e dotada de verdade, paz e liberdade. É impregnada de tudo o que é bom, tornando-se, assim, filha de Deus.

A partir disso é fácil entender por que a fé possui tamanho poder. Nem todas as boas obras juntas se igualam a ela; boas obras usadas como meio de salvação não se baseiam na Palavra de Deus, no evangelho. Só a fé e a Palavra de Deus devem reinar na alma. Como o ferro, quando exposto ao fogo, fica incandescente devido à união com o fogo, assim também a Palavra transmite suas qualidades salvadoras aos cristãos.

MARTINHO LUTERO, *DA LIBERDADE DO CRISTÃO*

Ó Deus eterno, nós nos alegramos de que a retidão de Cristo seja nossa, de que sua bondade, santidade, vida, felicidade e herança sejam nossas. Pelo Espírito, o Cristo inteiro, plenamente divino e plenamente humano, é nosso. Essa é nossa maior consolação, glória, louvor, honra, amor, alegria, sabedoria, força e vitória sobre o pecado e a morte, o demônio e o inferno, o mundo e todos os nossos inimigos, e por isso Deus deve ser louvado por toda a eternidade! Amém.

JOHANN ARNDT (1555–1621), *O VERDADEIRO CRISTIANISMO,*
BASEADO NO LIVRO 2, CAP. 3, § 10

PARA REFLETIR: Lc 1.46-55; **Jo 1.10-13;** 1Co 1.15-22; 2Co 7.1; Gl 3.19-22; 1Tm 1.8-14; Hb 8.1-7; 11.32—12.17; 2Pe 1.1-11

◇◇◇◇◇◇ **9** ◇◇◇◇◇◇

(Os três poderes ou benefícios da fé.)

O primeiro poder ou benefício da fé é que transmite ao cristão tudo o que é necessário para ser justificado, santificado e tornado verdadeiro, pacífico, livre e filho de Deus. Por meio da fé na Palavra de Deus, o cristão tem tudo de que necessita e não precisa de obras para se justificar. Essa é a liberdade cristã, nossa fé, que não nos leva a viver de modo descuidado, mas que torna a lei e as obras desnecessárias para a salvação.

O segundo poder ou benefício da fé é que ela honra aquele em quem crê com a adoração mais profunda e elevada; sabe que ele é verdadeiro e confiável. A alma consente com a vontade de Deus e consagra seu nome tornando-se obediente em tudo por meio da fé.

O terceiro poder ou benefício da fé é que ela une o cristão a Cristo como uma esposa ao marido. Por meio desse mistério, Cristo e o crente se tornam uma carne, havendo entre eles um verdadeiro casamento. Como marido e mulher têm tudo em comum, assim também o cristão pode jactar-se e gloriar-se em tudo o que pertence a Cristo como se lhe pertencesse. E tudo o que o cristão possui, Cristo reivindica para si.

Martinho Lutero, *Da liberdade do cristão*

Faz-nos, ó Senhor, florescer como puros lírios nos pátios da tua casa e anunciar aos fiéis a fragrância das boas obras e o exemplo de uma vida piedosa, por meio de tua graça e misericórdia. Amém.

Sacramentário moçarábico (antes de 700 d.C), *Orações:*
antigas e modernas

PARA REFLETIR: Lc 18.18-30; Jo 17.1-26; Gl 6.11-16; Ef 4.17-20,31-32; 1Jo 1.1-10; 2.20-25; 4.16b—5.5; Ap 19.4-10; 21.1-8

Veja quanta importância é atribuída à fé. Só a fé pode cumprir a lei e justificar o pecador sem quaisquer obras. Eis a explicação. O primeiro mandamento diz: "Adore somente ao único Deus". O mandamento é cumprido somente pela fé. Se você não fosse nada além de boas obras das solas dos pés ao topo da cabeça, ainda não seria virtuoso, nem adoraria a Deus; estaria confiando em suas próprias realizações e glorificando-as; estaria atribuindo a bondade a si mesmo, em vez de atribuir toda honestidade e bondade somente a Deus. Sua vanglória confirmaria sua pecaminosidade. É impossível adorar a Deus sem abandonar o senso de autonomia moral e a recusa em atribuir toda bondade apenas a Deus. Adorar a Deus como o mandamento exige não pode ser cumprido por obras que, na verdade, manifestam independência da bondade de Deus. A adoração só acontece por meio da fé que confia apenas na graça de Deus, que escuta e crê no evangelho, a Palavra de Deus. Essa é a retidão do cristão. Aquele que, pela fé, obedece ao primeiro mandamento pode então, pela fé, obedecer aos outros mandamentos. Vêm, então, as boas obras como realização e expressão da fé.

MARTINHO LUTERO, DA LIBERDADE DO CRISTÃO

Deus glorioso e eterno, Pai de toda misericórdia e Deus de toda consolação, eu te venero e adoro com a humildade que tua santidade e teu amor invocam em mim. A ti rendo graças e louvor por tuas glórias e perfeições infinitas e essenciais, assim como pela doação contínua de tuas misericórdias a mim, a tudo o que é meu e à tua santa igreja católica. Amém.

JEREMY TAYLOR (1613–1667), "OUTRA FORMA DE ORAÇÃO
MATINAL", EM VIDA SANTA, CAP. I, ORAÇÕES E DEVOÇÕES

PARA REFLETIR: Êx 20.1-6; Am 5.18-24; Mq 4.1-7; Mt 6.1-15; 7.12-27; Lc 7.36-50; 10.25-37; 2Co 1.9; 10.12-18; Cl 1.9-14; Jd 1.24-25

Uma pessoa é justificada e salva não por obras ou leis, mas pela Palavra de Deus, ou seja, pela promessa de sua graça e pela fé, de modo que a glória pertence à Majestade Divina. A partir disso, vemos em que sentido as boas obras devem ser rejeitadas. Se as obras são executadas como forma de obter a justiça, e são feitas sob a falsa impressão de que por elas uma pessoa pode ser justificada, se alguém possui a crença perversa de que a reconciliação com Deus deve ser buscada por meio delas, então a liberdade e a fé são extintas.

Assim, boas obras não tornam uma pessoa boa, mas uma pessoa boa, justificada apenas pela graça, fará boas obras. Visto que o cristão não precisa de boas obras para obter a justiça e a salvação, ele deve ser guiado em todas as suas obras por um padrão, para que sirva e beneficie aos outros, não tendo nada em consideração além da necessidade e benefício do próximo. O apóstolo Paulo recomenda esta regra: os cristãos devem devotar todas as suas obras ao bem-estar dos outros, pois todo cristão possui riquezas tão abundantes por meio da fé que todas as obras, com efeito toda a sua vida, são como excedentes, podendo ser usadas para servir ao próximo.

Martinho Lutero, Da liberdade do cristão

Deus eterno e todo-poderoso, dirige nossas ações segundo o que bem te agrada, para que, em nome do teu Filho amado, frutifiquemos em boas obras. Por nosso Senhor Jesus Cristo, teu Filho, na unidade do Espírito Santo, um só Deus, para todo o sempre. Amém.
"Terceiro domingo do tempo comum", Coleta, *Missal romano*

PARA REFLETIR: Mt 7.18; Jo 1.14-18; 1Co 1.21; Rm 12.1-13; 14.1-23; Gl 6.2; Ef 4.28; Fp 2.1-4; Tt 3.5

O cristão deve dizer: "Embora eu seja uma pessoa indigna e condenada, meu Deus me deu, por meio de Cristo, todas as riquezas da justiça e da salvação, sem mérito algum de minha parte. Ele fez isso por pura e gratuita misericórdia. Por isso, de agora em diante, não preciso de nada além da fé nessa verdade. Por que eu não faria livre, alegre e prontamente tudo o que é agradável e aceitável a tal Pai? Ele me cumulou de inestimáveis riquezas. Sendo assim, eu me darei ao meu próximo como fez Cristo ao se oferecer a mim. Não farei nada nesta vida exceto o que vejo ser necessário, proveitoso e salutar ao meu próximo, já que, pela fé, tenho fartura de todos os bens em Cristo".

Portanto, fluem da fé o amor e a alegria no Senhor, e do amor um espírito alegre, disposto e livre, que serve ao próximo sem levar em consideração gratidão ou ingratidão, louvor ou culpa, ganho ou perda. É assim que o Pai distribui farta e livremente todas as boas coisas, fazendo o sol nascer sobre os justos e os injustos. Seus filhos nada devem fazer a não ser pela alegria voluntária que eles desfrutam em Cristo.

MARTINHO LUTERO, *DA LIBERDADE DO CRISTÃO*

Pai misericordioso e compassivo, que ensinas em tua Santa Palavra como devo, em teu Filho, Jesus Cristo, seguir pelo caminho estreito, não me desviando nem para a direita, nem para a esquerda, permita que eu continue firme e constante em meio a todas as tentações; que eu não seja desencaminhado pelo espírito maligno da presunção e do orgulho espiritual, nem tenha medo do anjo destruidor do desespero que anda nas trevas. Amém.

JOHANN ARNDT (1555–1621), *O VERDADEIRO CRISTIANISMO*, LIVRO 2, CAP. 34, SEÇÃO 9

PARA REFLETIR: Mt 3.16; **5.43-48;** 7.12; **25.31-46;** Lc 6.27-38; Ef 1.3-14; 3.7-13; Fp 4.15-20; Cl 2.2

13

(Tornando-se verdadeiramente cristão.)

Se reconhecermos as grandes dádivas que recebemos, o Espírito Santo nos encherá o coração com o amor que nos torna obreiros livres, alegres, onipotentes e vencedores sobre todas as tribulações, servos do próximo e senhores de todas as coisas. Assim como nosso próximo sente necessidades e carências de bens que possuímos em abundância, da mesma forma, diante de Deus, estamos carentes e precisamos de sua misericórdia. Assim como nosso Pai celestial nos ajudou por meio de Cristo, da mesma forma devemos usar nosso corpo e suas obras para ajudar nosso próximo. Cada um deve se tornar como que um Cristo para os outros, isto é, tornar-se verdadeiramente cristão.

Quem será capaz de compreender as riquezas e a glória de um cristão? Ele pode fazer tudo, ter tudo, e de nada carece. Ele é senhor do pecado, da morte e do inferno, mas também serve, auxilia e beneficia a todos.

Infelizmente, essa grande verdade é ignorada na cristandade. Não é nem pregada nem procurada. Somos ignorantes a respeito do significado do nome "cristão" ou das razões pelas quais temos esse nome. O Cristo que habita em nós nos chamará cristãos se tivermos fé nele e formos cristos uns para os outros, fazendo ao próximo assim como Cristo faz a nós.

Martinho Lutero, Da liberdade do cristão

Ó Sabedoria Eterna, concede-me a luz do teu Espírito Santo para que eu saiba o que queres que eu faça; ofereço-me integralmente a ti. Faz comigo o que parece bom a teus olhos. Corrige-me em tudo o que estiver desordenado. Reforça minha fraca determinação e restringe meus desejos caprichosos. Amém.

Extraído de Tesouro de devoção (1869), citado em Orações:
antigas e modernas

PARA REFLETIR: Mt 1.18-23; 28.16-20; Jo 14.1-7; 1Co 15.20-58; Fp 4.10-14; Ap 1.4-8; 21.1-4

14

Um cristão não vive em si mesmo, mas em Cristo e no próximo, caso contrário não é cristão. Vive em Cristo pela fé e no próximo pelo amor. Pela fé ele é elevado acima de si mesmo até Deus, e pelo amor ele se volta ao próximo, sempre permanecendo em Deus e seu amor.

Quando consideramos as obras, há dois extremos. Por um lado, existem aqueles que, ao ouvirem falar em liberdade cristã, usam-na imediatamente para justificar a indiferença. Acham que tudo é válido. Desprezam todo ritual, toda tradição e disciplina cristã, assim como as leis humanas. No outro extremo estão aqueles que buscam a salvação observando o ritual. Acreditam que serão salvos porque jejuam nos dias estabelecidos, abstêm-se de carne ou rezam as orações formais. Proclamam alto e bom som as leis da igreja dos padres, mas não se importam nem um pouco com a genuína fé cristã.

Que isto seja estabelecido como diretriz cristã: nossa fé em Cristo não nos liberta das obras, mas das falsas avaliações das obras, ou seja, da tola crença de que a justificação é obtida pelas obras. Ambos os erros nomeados acima colocam muito peso no que não é importante enquanto negligenciam o mais importante.

Que Cristo nos ajude a entender e preservar essa liberdade. Amém.

Martinho Lutero, *Da liberdade do cristão*

Concede-me, ó Senhor, meu Deus, a inteligência para te conhecer, o empenho para te buscar, a sabedoria para te encontrar e a confiança de que um dia finalmente irei te abraçar. Amém.

Tomás de Aquino (c. 1225–1274),
Orações: antigas e modernas

PARA REFLETIR: Mt 5.13-20; 16.5-12; 23.1-28; Rm 8.12-17; 1Co 5.1-13; 9.19-27; 10.31—11.1; 2Co 13.5-13; Gl 5.16-26

◇◇◇◇◇◇ **15** ◇◇◇◇◇◇

Existem duas espécies de justiça cristã. A primeira espécie é a *justiça alheia*, que pertence a outro. Ela vem de fora. Esta é a justiça de Cristo, pela qual ele justifica os pecadores ou os reconcilia consigo. Cristo foi feito nossa sabedoria, justiça, santificação e redenção. O cristão pode, portanto, se orgulhar de Cristo e dizer: "Meus são o viver, o agir, o falar, o sofrer e o morrer de Cristo". Por meio da fé, a justiça de Cristo se torna a nossa justiça, e tudo o que ele possui se torna nosso.

A segunda espécie de justiça é a *justiça própria*, não porque nós a criemos, mas porque cooperamos com a *justiça alheia*. É, na verdade, o fruto e consequência da *justiça alheia*. É aquele modo de vida dedicado à prática de boas obras, a primeira das quais é mortificar a carne e crucificar o desejo voltado a si mesmo. Em segundo lugar, a justiça própria consiste no amor ao próximo e, terceiro, na humildade e no temor a Deus. Ela segue o exemplo de Cristo e deve transformar-se na semelhança dele.

Assim o cristão não busca mais a justiça em si ou por si mesma, mas tem Cristo como a sua justiça; ele pode, portanto, buscar apenas o bem-estar dos outros.

MARTINHO LUTERO, "SERMÃO SOBRE AS DUAS ESPÉCIES
DE JUSTIÇA" (1519)

Ó Senhor, por tua misericórdia, guarda-nos de uma devoção de formas vazias e de meras declarações. Guarda-nos de ter a fama de estarmos vivos quando, na verdade, estamos mortos. Ajuda-nos a te adorar com ações justas e vidas santas. Amém.

CHRISTINA GEORGINA ROSSETTI (1830–1894), *ORAÇÕES:*
ANTIGAS E MODERNAS

PARA REFLETIR: Jo 11.25-26; 14.6; Rm 8.32; 1Co 1.30; 2Co 1.3; 3.18; Gl 5.24; Ef 5.29-32; Fp 2.5; 1Pe 2.21; 2Pe 1.4

Paulo diz que a lei aumenta o pecado. Ele quer dizer que uma pessoa se torna inimiga da lei quanto mais esta exige dela o que não pode fazer.

Paulo diz também que a lei é espiritual. Se a lei fosse física, poderia ser cumprida por meio de obras. Mas como é espiritual — uma questão de coração —, ninguém a consegue cumprir a não ser que tudo o que faça brote de um coração sintonizado com o que a lei exige. Mas ninguém pode conceder tal coração exceto o Espírito Santo, o único capaz de fazer que se ame a lei com um desejo sincero. A partir de então, o cristão obedece à lei não por medo ou coerção, mas de livre e espontânea vontade. A não ser que o Espírito habite o coração, o pecado como aversão à lei e a hostilidade contra ela permanecerão. Lembre-se sempre: a lei em si é boa, justa e sagrada.

Uma coisa é *fazer* as obras da lei; outra bem diferente é *cumprir* a lei. As obras da lei são o que uma pessoa tenta fazer com as próprias forças. Mas, ao tentar e falhar, o coração abomina a lei ao mesmo tempo que é instado a obedecer-lhe.

Martinho Lutero, "Prefácio à carta de São Paulo aos Romanos"

Deus Todo-poderoso, ensina-nos a viver em paz e a amar em verdade, buscando a paz com todas as pessoas e andando no amor assim como Cristo nos amou. Que aprendamos com nosso Senhor tanta docilidade e humildade de coração que nele encontremos descanso. Domina todos os ressentimentos amargos em nossa mente e permita que a lei da gentileza governe nossa língua. Faz-nos viver como teus filhos, para que tu, o Deus da graça e da paz, habites em nós para todo o sempre. Amém.

Benjamin Jenks (1646–1724),
Orações: antigas e modernas

PARA REFLETIR: Sl 1.1-3; 18.7-10; 78.5-8; Mt 5.17-20; 22.35-40; Jo 1.14-18; **Rm 5.1-21; 7.1-12**; 8.1-8; Gl 2.15-21; 1Pe 1.2-9,17-25; Ap 2.7,26-29; 22.17

Ninguém consegue se preparar para receber a graça de Deus executando as obras da lei se sente uma aversão pela lei que o condena a falhar. Cumprir a lei significa fazer a sua obra com entusiasmo, amor e espontaneidade, sem ser forçado e constrangido; significa viver bem e de maneira agradável a Deus, como se não houvesse nenhuma lei ou punição. Só o Espírito Santo, no novo nascimento, pode conceder tal entusiasmo e amor irrestrito ao coração.

O Espírito Santo é recebido apenas na fé, com a fé e pela fé em Jesus Cristo. A fé vem somente pela Palavra de Deus, que é o evangelho que prega a Cristo. O evangelho declara que Cristo é tanto o Filho de Deus quanto o Filho do Homem, e que ele morreu e ressuscitou por nossa causa. É por isso que só a fé torna alguém justo diante de Deus e cumpre a lei. A fé traz o Espírito Santo por meio dos méritos de Cristo. Por sua vez, o Espírito torna o coração feliz e livre, assim como requer a lei. Boas obras não cumprem a lei, mas são provenientes da fé.

MARTINHO LUTERO, "PREFÁCIO À CARTA DE SÃO PAULO AOS ROMANOS"

Ó Senhor e Pai misericordioso, desperta-me pelo teu Espírito Santo, para que eu não só conheça as coisas que pertencem ao reino de Deus, mas também as pratique por meio de uma fé vigorosa e me torne um verdadeiro adorador em espírito e em verdade. Amém.

JOHANN ARNDT (1555–1621), *O VERDADEIRO CRISTIANISMO,*
LIVRO 2, CAP. 34, SEÇÃO 5

PARA REFLETIR: Jo 3.1-16; 4.7-15; 7.37-44; At 2.32-36; Rm 3.9—4.25; 10.1-5; 1Ts 1.2-5; 2Ts 2.13-17; Tt 3.1-7

Muitos governantes do mundo se enfureceram contra a Bíblia. Tentaram destruí-la: Alexandre, o Grande, os príncipes do Egito e da Babilônia, os monarcas da Pérsia e da Grécia, e os imperadores Júlio e Augusto de Roma. Mas seus esforços de nada adiantaram. Todos eles se foram. A Bíblia permanece, perfeita e completa.

Quem defendeu a Bíblia contra tais poderes ameaçadores? Não é milagre pequeno que Deus tenha preservado e protegido esse livro por tanto tempo. O diabo destruiu muitos dos livros da igreja, assim como, no início da igreja, matou e oprimiu muitas pessoas santas. Mas a Bíblia ele jamais conseguiu destruir. Da mesma forma, o sacramento do Batismo, a Eucaristia — o corpo e sangue de nosso Senhor — e o ofício da pregação continuaram, apesar dos muitos tiranos e hereges que perseguiram a igreja de Deus. Com força singular, Deus preservou tudo isso. Portanto, batizemos, ministremos a Eucaristia e preguemos, sem medo dos obstáculos de Satanás.

Martinho Lutero, "Da Palavra de Deus", seção 1
(Conversas à mesa)

Ó santo e eterno Jesus, que nos geraste por tua Palavra, que nos renovaste em teu Espírito e que nos alimentaste com teus sacramentos e pela pregação cotidiana de tua Palavra, continua a nos edificar para a vida eterna. Que o Espírito Santo repouse sobre nós na leitura e escuta de tua sagrada Palavra, para que o façamos com humildade e reverência, com a mente pronta e desejosa de aprender e obedecer, para a glória do teu santo nome. Amém.

Jeremy Taylor (1613–1667), "Oração a ser feita antes de
escutar ou ler a Palavra de Deus", em Vida santa, cap. 4,
Orações para todo tipo de pessoa

PARA REFLETIR: Ne 8.1-6; Lc 24.13-27; Jo 5.39; 12.31-32; At 2.14-38; 17.10-12; 18.28; Rm 1.1-6; 1Co 15.3; 2Tm 3.15-16; Hb 1.1-4; Tg 1.21-23

As Escrituras, principalmente nas cartas de Paulo, atribuem a Cristo o que pertence ao Pai, a saber, poder divino onipotente. Só Deus pode conceder graça, paz de consciência, perdão dos pecados, vida, vitória sobre o pecado, a morte e o demônio. A não ser que Paulo houvesse pretendido roubar a honra de Deus, não teria atribuído tais poderes e qualidades ao Cristo se Cristo não fosse o verdadeiro Deus. Deus não disse que não compartilha a sua glória com mais ninguém? Ninguém pode dar a outro o que não lhe pertence. Portanto, vendo como Cristo concede graça e paz, assim como o Espírito Santo, e resgata do poder de Satanás, do pecado e da morte, conclui-se que é por um poder infinito, imensurável e onipotente igual ao do Pai que Cristo faz essas coisas.

Por experiência própria, posso testificar que Jesus Cristo é o verdadeiro Deus; sei muito bem o que o nome de Jesus pode realizar. Uma vez que ensino sobre Cristo a um mundo perverso, muitas vezes estive tão perto da morte que pensei que morreria. Mas ele sempre teve misericórdia e me devolveu à vida.

Portanto, se nos agarrarmos a Cristo, tudo o mais estará a salvo, mesmo que o demônio seja sempre tão maléfico e ardiloso. Não importa o que possa vir a me suceder; eu com certeza me agarrarei ao meu doce Salvador.

Martinho Lutero, "De Jesus Cristo", seção 182
(*Conversas à mesa*)

Ó Senhor Jesus, que meu coração sempre sinta fome e se alimente de ti, a quem os anjos desejam contemplar. Que eu sinta sede de ti, a Fonte da vida, a Fonte da sabedoria e do conhecimento, a Fonte da luz eterna. E, quando estiver com sede, que eu seja saciado por ti por meio do Espírito de Deus. Amém.

Boaventura (1217–1274), "Orações de São Boaventura",
Liturgies.net

PARA REFLETIR: **Is** 9.1-7; **42.1-9**; Mt 11.25-30; 12.1-8; Jo 1.1-5,14-18; 8.1-30; 10.17-39; 17.1-14; Rm 9.5; Hb 1.1-14; Ap 1.12-20

Cristo, nosso Sumo Sacerdote, subiu aos céus e está sentado à direita de Deus, o Pai. Ele intercede por nós incessantemente. Em sua morte, Cristo é um sacrifício oferecido por nossos pecados. Em sua ressurreição, Cristo é um vencedor. Em sua ascensão, Cristo é um rei. Ao estabelecer mediação e intercessão por nós, Cristo é nosso Sumo Sacerdote. No Antigo Testamento, apenas o sumo sacerdote podia ir ao local mais sagrado do templo e orar pelo povo.

Cristo continuará sacerdote e rei. Ele foi assim ordenado e ungido pelo próprio Deus, não por um bispo qualquer. "Você é sacerdote para sempre." Essa é a frase mais gloriosa dos Salmos; Deus declara que esse Cristo será nosso Bispo e Sumo Sacerdote. Sem cessar, Cristo intercederá por seu povo. Ele é o verdadeiro Pastor e Bispo de nossa alma. Confiemos, portanto, nesse Sacerdote, pois ele é o Sacerdote fiel e verdadeiro dado por Deus. Refugiemo-nos em Cristo.

Martinho Lutero, "De Jesus Cristo", seção 190

(*Conversas à mesa*)

> *Diante do sagrado*
> *Nome de Jesus,*
> *Dobram-se os joelhos,*
> *Glória ao Rei de luz!*
> *De Senhor chamado,*
> *Nosso Pai quer ser,*
> *Pois ele foi sempre*
> *Verbo de poder.*
>
> Caroline Maria Noel (1817–1877),
> Hinário

PARA REFLETIR: Sl 110.1-4; Mt 26.36-46; Lc 22.39-46; Jo 17.6-19; Rm 8.28-39; Ef 4.7-16; Hb 4.14—5.10; 1Pe 1.18-25

Em muitas passagens a Bíblia chama Cristo de nosso sacerdote, noivo, amado e outros epítetos e títulos. Chama aqueles que acreditam em Cristo de noiva, virgem e filha. Essas são belas imagens que as Escrituras põem diante de nós. Primeiro, Cristo manifestou seu sacerdócio porque revelou a vontade do Pai a nós. Segundo, Cristo ora por nós e continuará a orar enquanto o mundo existir. Terceiro, ele se ofereceu para ser pregado na cruz a fim de nos redimir. Ele é nosso noivo, e nós somos sua noiva.

Tudo o que Cristo, nosso amoroso Salvador, possui pertence a nós, pois somos membros de seu corpo; somos sua carne e osso. Além disso, tudo o que temos pertence a Cristo. A troca é extremamente desigual, pois Cristo tem tudo — inocência, justiça, vida e salvação —, que ele cede a nós. O que nós temos — pecado, morte, danação e inferno —, nós damos a ele. Ele tomou sobre si nossos pecados e nos livrou do poder de Satanás. Esmagou a cabeça da serpente, fez o diabo prisioneiro e lançou-o no inferno. Agora podemos dizer com Paulo, sem medo de contradição: "Ó morte, onde está seu aguilhão?". Nosso Salvador nos abençoou com tesouros eternos, celestiais.

Martinho Lutero, "De Jesus Cristo", seção 191

(*Conversas à mesa*)

Ó Deus altíssimo, envia tua luz e tua verdade para que resplandeçam sobre a terra, porque sou como terra vazia e sem forma enquanto não me iluminas. Derrama sobre mim tua graça. Banha meu coração com o orvalho celestial. Abre as fontes de devoção para que me reguem e eu possa produzir os melhores frutos. Amém.

Tomás de Kempis (c. 1380–1471), *Imitação de Cristo*,

livro 3, cap. 23

PARA REFLETIR: Gn 3.14-21; Is 53.1-12; 61.1-4; Lc 23.32-49; Jo 1.29-34; Rm 5.6-17; 8.31-34; **1Co** 1.26-31; **15.50-57**; 2Tm 2.1-7; Hb 5.1-10; Ap 5.1-14

A lei é usada de duas formas. O primeiro uso é para a vida no mundo. Deus decretou leis e estatutos temporais para impedir que os ímpios cometessem atos prejudiciais e perversos. O segundo uso é espiritual. A lei faz que transgressões contra a lei da justiça de Deus se manifestem em sua gravidade. Ele usa a lei para revelar ao povo seus pecados, sua cegueira e seu comportamento profano, ou seja, que são ignorantes sobre Deus e são seus inimigos. Portanto, merecem a morte, o inferno, o juízo de Deus e sua perene indignação. Mas a lei não pode abrir caminho para a graça e misericórdia de Deus, nem tornar visíveis sua graça e misericórdia. Não pode conceder a justiça pela qual obtemos a vida eterna e a salvação.

A luz do evangelho é um tipo bem diferente de luz. A luz do evangelho ilumina corações temerosos, partidos, pesarosos e contritos. Declara que Deus é misericordioso com pecadores indignos, condenados, por causa de Jesus Cristo. Declara que é dada uma bênção àqueles que creem nas boas-novas. A bênção é a graça de Deus, o perdão dos pecados, a reconciliação e a vida eterna. O evangelho de Deus renova, conforta e revigora aqueles que creem nas boas-novas.

Ao distinguir entre a lei e o evangelho nós damos a cada um o seu trabalho e ofício justos.

Martinho Lutero, "Da lei e do evangelho", seção 274
(Conversas à mesa)

Deus meu, Pai de toda misericórdia, a ti ergo os olhos, em ti confio. Abençoa e santifica minha alma com a bênção celestial, para que seja tua santa morada e o trono de tua eterna glória. E não deixes que nada neste templo de tua dignidade ofenda tua majestade. Amém.

Tomás de Kempis (c. 1380–1471), Imitação de Cristo,
livro 3, cap. 59

PARA REFLETIR: Mt 11.1-6,25-30; Lc 4.14-21; Jo 3.17-21; 8.12-20; 10.11-18; Rm 1.16; Cl 2.1-3,13-23; 1Ts 1.2-10

23

Sem a ajuda de Deus, quando Moisés, com sua lei, ataca você e o acusa de transgredir a lei de Deus, e o ameaça com a ira de Deus, é impossível pela força humana obter a paz com Deus como se jamais houvéssemos transgredido a lei.

Mas, quando você é ameaçado pelo terror da condenação da lei, deve responder: "Senhora Lei! Não tenho tempo para escutá-la. A sua língua é muito rude e áspera. Gostaria que a senhora soubesse, sem discutir, que seu reinado acabou. Portanto, agora sou livre; não tolerarei mais o seu jugo". Quando nos dirigirmos à lei dessa forma, descobriremos a diferença entre a lei da graça e a lei do trovejante Moisés. E veremos quão grande dádiva divina e celestial é saber que "pela fé em Cristo somos justificados".

A consciência nada deve levar em conta exceto o evangelho de Jesus Cristo. Só pela graça devemos, com todo empenho, esforçar-nos por remover Moisés e sua lei de nossa vista, porque só pela fé em Cristo somos justificados diante de Deus. Ele não quer deixar você morrendo de medo da condenação da lei, mas quer que creia em Cristo — o fim da lei — para a justiça pela graça por meio da fé.

Martinho Lutero, "Da lei e do evangelho", seções 276-278

(*Conversas à mesa*)

Ó Deus eterno, nosso Pai, minha oração será: "Fala, Senhor, pois teu servo escuta". Não deixes que Moisés ou algum dos profetas fale em teu lugar, mas fala-me tu mesmo, ó Senhor Deus, que inspiraste e iluminaste os profetas. Só tu podes me ensinar perfeitamente. Eles, sem dúvida, pronunciam palavras excelentes, mas não conseguem transmitir o Espírito Santo. Amém.

Tomás de Kempis (c. 1380–1471), *Imitação de Cristo*,

livro 3, cap. 2

PARA REFLETIR: 1Sm 3.10; Jo 3.1-10; 8.34-59; **Gl 2.16;** 3.10-29; 4.8-20; 5.1-26; Ef 2.1-10

TOMÁS MORE
(1478–1535)

A história cristã contém muitos casos ilustres de cartas escritas "atrás das grades". O apóstolo Paulo escreveu as quatro Epístolas da Prisão. Inácio de Antioquia redigiu cartas às igrejas enquanto era conduzido a Roma para o martírio. À espera da execução pelos nazistas, Dietrich Bonhoeffer escreveu cartas e anotações que foram mais tarde reunidas e publicadas com o título *Cartas e anotações escritas na prisão*. A essa lista deve ser acrescentada o *Diálogo do consolo contra a tribulação*, escrita por Tomás More enquanto esteve preso na Torre de Londres.

Tomás More foi um funcionário público brilhante e dedicado, e um cristão ainda mais empenhado. Era um inglês ilustre, eleito e nomeado para cargos importantes na igreja e no estado. Seus dons pessoais e intelectuais atraíram a admiração de eruditos, clérigos e reis britânicos. Tornou-se amigo íntimo do grande humanista europeu, Desidério Erasmo. Henrique VIII (1491–1547) considerava More um amigo até ele se recusar a apoiar o rompimento do rei inglês com Roma. Antes disso, Henrique costumava conversar com More enquanto caminhavam pelo jardim de More. Mas More não tinha ilusões quanto à amizade de Henrique. Certa vez, comentou que, se Henrique pudesse ganhar um castelo na França em troca da cabeça de More, sua cabeça iria rolar.

Tomás More nasceu em Londres, em 1478. O pai, Sir John More, era um juiz de renome. Tomás foi educado inicialmente na St. Anthony School, em Londres. Depois estudou em Oxford, onde aprendeu grego e latim. Por volta de 1494, More retornou a Londres a fim de estudar direito, iniciando os estudos na New Inn. Em 1496, passou a estudar na Lincoln's Inn, onde concluiu os estudos dois anos depois. Tornou-se advogado em 1501. Estava dividido, porém, entre o desejo de praticar advocacia e o de se tornar sacerdote e monge. Durante algum tempo, participou da vida monástica. No final, o senso de dever civil triunfou. Mas a profunda devoção religiosa permaneceu.

Durante a primeira visita de Erasmo à Inglaterra (1499), ele e More ficaram amigos de imediato. Em 1509, Erasmo lhe dedicou o *Elogio da Loucura*. Em 1504, More foi eleito para o Parlamento. Logo em seguida, casou-se com Jane Colt, com quem teve quatro filhos. Tragicamente, Jane morreu no parto. Pouco tempo depois, More se casou com Alice Middleton, sete anos mais velha que ele. Alice cuidou com dedicação dos filhos de More, mas às vezes achava a jovialidade dele um verdadeiro desafio.

Em 1510, Henrique VIII nomeou More vice-xerife de Londres. Ele grangeou respeito por ser justo e defender os pobres. Mais tarde, em 1515, Henrique o enviou a Flandres como parte de uma delegação para resolver uma disputa comercial. O livro mais famoso de More, *Utopia* (1516), inicia-se com uma referência a essa missão. Em 1517, foi providencial para acalmar os protestos públicos contra estrangeiros, acontecimento retratado na peça *Sir Thomas More*. Em 1518, tornou-se membro do Conselho Privado do rei, e em 1521 recebeu o título de cavaleiro. Henrique valorizava tanto as habilidades de More que lhe pediu ajuda para escrever a *Defesa dos sete sacramentos* (1521), uma crítica a Martinho Lutero. Em resposta, o papa Leão X deu a Henrique VIII o título de Defensor da Fé.

Todavia, o relacionamento com o rei começou a se deteriorar em 1527, quando More se recusou a apoiar o plano de Henrique de se divorciar de Catarina de Aragão. Apesar disso, Henrique VIII nomeou More como Lorde Chanceler, em sucessão a Thomas Wolsey. Porém as condições se agravaram rapidamente. More renunciou ao cargo de Lorde Chanceler após se recusar a endossar a autodeclaração de Henrique como Chefe Supremo da Igreja da Inglaterra (1531). Em abril de 1534, More se negou a prestar o Juramento de Sucessão (1534), que reconhecia os filhos de Ana Bolena e Henrique como herdeiros à coroa; também se recusou a jurar apoio ao Ato de Supremacia do Parlamento (1534), que tornou

Henrique o Chefe Supremo da Igreja da Inglaterra. Por essas recusas, More foi preso na Torre de Londres. Na prisão, escreveu o *Diálogo do consolo contra a tribulação* (1534). Jamais foi escrita uma afirmação mais admirável da providência divina. Em 1535, foi condenado por traição e decapitado no dia 6 de julho.

Quatrocentos anos depois, em 1935, More foi canonizado pelo papa Pio XI.

Em tempos de provações e tribulações, por mais importante que o auxílio humano possa ser, não jogue fora o forte apoio da confiança em Deus, pois ele é seu principal Consolo. Os filhos de Deus jamais serão órfãos abandonados. Mesmo quando Jesus enfrentou a morte na cruz, ele prometeu pedir ao Pai celestial que enviasse um Consolador, o Espírito Santo. Até o final dos tempos, Cristo habitará em seu povo por meio do Espírito Santo.

Assim sendo, por ser membro do rebanho de Cristo, e por crer em suas promessas, jamais lhe faltará consolo em qualquer tribulação. Cristo e o Espírito Santo, e com eles o inseparável Pai, nunca estão a mais de um dedo de distância ou um instante longe de você. Com fiel confiança na Palavra de Deus, em suas promessas, conseguiremos ordenar a uma grande montanha de tribulação que saia de nosso coração. Sem tal confiança, dificilmente conseguiremos remover até mesmo uma pequena colina.

TOMÁS MORE, *DIÁLOGO DO CONSOLO CONTRA A TRIBULAÇÃO,*
LIVRO I, SEÇÕES 1-2

Ó Espírito Santo, Amor de Deus, infunde tua graça e desce plenamente em meu coração; ilumina os cantos escuros desta morada abandonada e lá espalha teus alegres raios de luz; habita nesta alma que anseia por ser teu templo; rega todo este solo árido, repleto de ervas daninhas e espinheiros, sem frutos por falta de cultivo, e torna-o frutífero com o orvalho dos céus. Ah, vem, Refrigério de todos os que padecem e desfalecem; vem, Glória e Coroa dos vivos e única Esperança dos que perecem; vem, Espírito Santo, com muita misericórdia, e faz-me apto a te receber. Amém.

AGOSTINHO (354–430 D.C.), BISPO DE HIPONA, *ORAÇÕES:*
ANTIGAS E MODERNAS

PARA REFLETIR: Sl 16.1-11; 18.1-19; 25.1-22; Is 12.1-6; Jr 17.3-8; Jo 14.1-7,18-24; 16.25-28; Rm 8.28-39; 2Co 3.4-6

Muitos sábios deste mundo se esforçaram para explicar o sofrimento humano. Tentaram encorajar e fortalecer as pessoas que passavam por tribulação. Mas nunca li nada dos filósofos que proporcionasse a ajuda espiritual e a consolação que vêm de um Deus misericordioso. Em consequência disso, todos os conselhos deles estão aquém das expectativas, pois eles não têm como curar a doença da tribulação e, portanto, não podem ser nossos médicos.

Apenas o remédio fornecido pelo Grande e Excelente Médico, Jesus Cristo, cura a doença da tribulação e da dor. Ele é o mesmo Grande Médico que nos curou da doença mortal da condenação. Por certo seu remédio pode também tratar a doença da tribulação. O Espírito de Deus manda que nos confiemos a Cristo. Ele diz: "Honrem a Cristo por cuidar de sua saúde, pois Deus, o Pai, ordenou que ele os curasse".

Deus, o Pai, ordenou que a santa humanidade de nosso Senhor cuidasse de nossas necessidades. Ele cura nossas feridas mortais com remédio feito do sangue precioso de seu corpo abençoado. Oremos, então, para que, assim como o Grande Médico curou nossa doença mortal do pecado com seu remédio incomparável, ele tenha a bondade de colocar em nossa mente remédios que nos confortem e nos fortaleçam em meio à doença da tribulação.

Tomás More, Diálogo do consolo contra a tribulação,
livro i, seção i

Concede-nos, Senhor, nosso Deus, honrar a ti de toda a nossa mente, e amar todas as pessoas com coração sincero. Por nosso Senhor Jesus Cristo, teu Filho, que vive e reina contigo na unidade do Espírito Santo, um só Deus, para todo o sempre. Amém.

"Quarto domingo do tempo comum", Coleta, *Missal romano*

PARA REFLETIR: Is 53.4-6; Mt 4.23-25; 8.16-17; 9.10-13; Lc 5.17-26; Jo 1.29-34; 15.13; Fp 3.7-11; 1Pe 1.17-21; 4.13; Ap 22.1-7

Se quisermos que Deus seja a Principal Fonte de consolo na tribulação, deve haver um alicerce sobre o qual se baseie aquilo que construímos. Esse alicerce é a fé. Sem ela, nada mais importará. Ora, assim como seria tolo construir sobre alicerces humanos, também é tolo pensar que a fé é algo que possamos gerar ou dar a nós mesmos. Mesmo que obedeçamos à inspiração de Deus e cooperemos com sua vontade, a fé é uma dádiva que vem somente de Deus. "Toda dádiva que é boa e perfeita vem do alto, do Pai que criou as luzes no céu."

Portanto, por mais fraca que possa ser nossa fé, apelemos àquele que a dá a nós, para que tenha a bondade de aumentá-la. Digamos: "Eu creio, bom Senhor, mas ajuda-me a superar minha incredulidade". E oremos com os apóstolos: "Senhor, faça nossa fé crescer". Finalmente, oremos para que nossa fé não se torne morna, nem que se disperse devido a nossas muitas preocupações e cuidados triviais. Plantemos a sementinha de mostarda no jardim de nossa alma, arrancando as ervas daninhas para dar pleno espaço para a fé. Então a fé crescerá; crescerá tanto que os pássaros poderão pousar nela.

TOMÁS MORE, *DIÁLOGO DO CONSOLO CONTRA A TRIBULAÇÃO*,
LIVRO I, SEÇÃO 2

Ó Deus, ordenaste que fôssemos perfeitos como tu, nosso Pai, és perfeito; instila em nós um desejo ininterrupto de obedecer à tua vontade. Ensina-nos diariamente o que tens para que façamos, e dá-nos graça e força para cumprir tua vontade. Que o amor à comodidade nunca nos faça evitar o caminho que tua mão indica. Amém.
HENRY ALFORD (1810–1871), *ORAÇÕES: ANTIGAS E MODERNAS*

PARA REFLETIR: Mt 13.32; **17.20;** Mc 9.24; Lc 13.19; **17.5;** Jo 6.60-65; Rm 10.17; Ef 2.8; Hb 12.1-2; **Tg 1.17; Ap 3.16**

Considerando que os tipos de tribulação são tão diversos, devemos ter cuidado quanto a como oramos para que elas sejam afastadas. Podemos pedir a Deus que nos livre de algumas tribulações, mas não de outras. Uma pessoa pode orar corretamente para a libertação da fome, da doença e do dano físico. Na Oração do Senhor, oramos pelo pão nosso de cada dia, para que sejamos livrados do mal e para que sejamos preservados de cair em tentação.

Mas não devemos orar pela remoção de toda tribulação. Se a cada doença orarmos para que a saúde nos seja devolvida, como chegaremos a demonstrar a confiança cristã de que nem mesmo a morte pode nos separar de nosso Senhor? Se exigirmos que Deus sempre nos impeça de morrer, como chegaremos a provar que Cristo nos libertou do medo da morte? Vejamos outro exemplo. É uma tribulação para os cristãos sentir o espírito em conflito com a carne, ou vivenciar a rebelião dos sentidos contra o controle da razão. Esses são resíduos da vida antiga que permanecem após nossa conversão. Enquanto permanecermos nesta vida, acaso desejaríamos que Deus removesse nossa aguda percepção dessa tribulação? Ela permanece em nós por ordem de Deus, para que possamos lutar contra ela e, pela graça, dominá-la cada vez mais a cada dia.

Tomás More, *Diálogo do consolo contra a tribulação*,
livro i, seção 6

Ó Deus, de quem procedem todas as boas coisas, concede que nós, que a ti invocamos em nossa necessidade, consigamos sob a tua orientação discernir o que é certo e realizá-lo. Por nosso Senhor Jesus Cristo, teu Filho, que vive e reina contigo, na unidade do Espírito Santo, um só Deus, para todo o sempre. Amém.

"Décimo domingo do tempo comum", Coleta, *Missal romano*

PARA REFLETIR: Mt 6.7-15; Rm 7.14-25; 1Co 15.50-58; 2Co 6.1-10; 7.1; 8.9; 10.3-6; 11.24-29; 12.1-10; Hb 12.1-13; Ap 12.10-12

◇◇◇◇◇◇ **28** ◇◇◇◇◇◇

Para nossa salvação, podemos orar com coragem. Para a graça, também devemos suplicar corajosamente. O mesmo é verdade para a fé, a esperança e o amor, para toda virtude cristã que promova nosso progresso rumo ao céu. Mas para todas as outras coisas nunca devemos orar de modo a pedir a Deus que não faça o que ele sabe que precisa fazer. O que Deus deseja para nós é muito melhor do que aquilo que, impulsivamente, teríamos requisitado. Precisamos aprender a entregar tudo à vontade de Deus. Em vez de remover nossa dor, Deus pode escolher cumular-nos com a paz e a consolação espiritual ou, pelo menos, dar-nos forças para suportar a dor com paciência.

Se decidirmos que nos sentiremos confortados somente se Deus remover nossa tribulação, então teremos estipulado a Deus que nada realizaremos além de nossos propósitos. Estaremos dizendo a ele que sabemos mais do que ele o que é o melhor.

Portanto, na tribulação desejemos o auxílio e a consolação de Deus, e deixemos à sua vontade e sabedoria exatamente como esse objetivo será alcançado da melhor forma. Não duvidemos de que, assim como a grande inteligência de Deus sabe o que é melhor, sua bondade soberana concederá o que é melhor.

Tomás More, *Diálogo do consolo contra a tribulação*,
livro I, seção 6

Ó Deus, força dos que em ti esperam, ouve favoravelmente nosso apelo e, uma vez que sem ti a fraqueza mortal nada pode fazer, concede-nos sempre o socorro de tua graça, para que, seguindo teus mandamentos, te agrademos com nossa determinação e com nossos atos. Por nosso Senhor Jesus Cristo, teu Filho, que vive e reina contigo, na unidade do Espírito Santo, um só Deus, para todo o sempre. Amém.

"Décimo primeiro domingo do tempo comum",
Coleta, *Missal romano*

PARA REFLETIR: Sl 34.1-10; 42.1-11; 55.16-22; 107.1-22; Lm 3.22-33; Rm 15.5-6; 2Co 1.3-7; Fp 1.12-26; 2.1-2; Hb 6.13-20

Tão limitado é nosso conhecimento finito, tão ignorantes somos de tudo o que pode nos acontecer, e tão inseguros somos a respeito de como nossas ideias e desejos podem mudar, que a maior crueldade que Deus poderia cometer conosco seria conceder-nos nossos desejos tolos. Pense em quantas pessoas se orgulham da saúde física quando a alma estaria melhor se o corpo estivesse doente. Considere as pessoas que são libertas da prisão quando estariam melhor permanecendo encarceradas. E quantas pessoas lutam tanto para não perder as posses mundanas e acabam perdendo a si próprias?

Quando recomendamos a Deus precisamente o que ele deve nos fazer, a não ser que ele, por sua sabedoria bondosa, rejeite nossas tolices, logo veremos claramente que pedimos nossa própria ruína. Que capacidade temos nós, criaturas finitas, de saber o que será melhor para nós? Depois que o abençoado apóstolo Paulo havia pedido três vezes a Deus que lhe removesse o "espinho na carne", o Senhor respondeu com severidade que o pedido de Paulo era equivocado. Para Paulo, ser fortalecido pela graça de Deus e abrandar a euforia por receber uma visão espiritual era muito melhor do que remover a tribulação.

Tomás More, *Diálogo do consolo contra a tribulação*,
livro i, seção 6

Repousa sobre nós, ó Espírito de amor. Vê por quantas tentações estamos cercados e não nos deixes ceder a elas; mostra-nos o caminho que devemos seguir, pois, se confiarmos em nossos próprios impulsos, certamente nos perderemos. Mas, se nos liderares, seguiremos teus mandamentos. Habita em nosso coração, e assim teremos a garantia de nossa filiação e salvação. Amém.

Johann Friedrich Stark (1680–1756),
Orações: antigas e modernas

PARA REFLETIR: Pv 3.5-6; Is 43.16-19; Jr 29.10-14; Jo 6.38-40; 7.17-18; Rm 12.1-2; **2Co 12.1-10;** 1Ts 5.16-20; Tg 1.5; Jd 1.24-25

Dessa forma, tendo assimilado por experiência própria a lição aprendida pelo apóstolo Paulo, recebemos aviso suficiente para não reivindicar demais por nosso conhecimento e sabedoria quando fazemos pedidos a Deus. Deveríamos ter aprendido a confiar na boa vontade de Deus. As Escrituras não nos disseram que o próprio Espírito Santo deseja o nosso bem-estar e geme por nós de um modo que nenhuma língua humana consegue expressar? Pelo que devemos orar nós não sabemos, mas o Espírito Santo intercede por nós diante do Pai com um discernimento indizível.

Decidamos, então, nunca pedir precisamente a Deus pela tranquilidade que poderíamos obter ao nos livrarmos de toda tribulação. Em vez disso, oremos pela ajuda e pelo conforto de Deus ao longo dos caminhos que ele conhece melhor. Então extrairemos conforto desse pedido. Podemos ter certeza de que essa atitude agrada a Deus. Podemos também ter certeza de que Deus agirá sobre nós para o nosso próprio bem, a não ser que nos afastemos dele. Ele não deixará de nos acompanhar. Se ele está conosco, o que poderá nos prejudicar? "Se Deus é por nós", pergunta o apóstolo Paulo, "quem será contra nós?"

Tomás More, *Diálogo do consolo contra a tribulação*,
livro i, seção 6

Ó eterno e justíssimo Deus, que és justo em tuas dispensações para todos nós, não esperando até que sejamos dignos de tua graça, mas concedendo a graça em antecipação a fim de nos atrair para ti, ensina-me, pelo Espírito Santo, a reconhecer com gratidão tua misericórdia sem limites. Deixa tua luz despontar em meu coração, para que eu possa tratar a graça que me concedeste como um tesouro escondido num campo. Que assim eu venha a valorizá-la, saboreá-la e desfrutá-la com empenho. Amém.

Johann Arndt (1555–1621), *O verdadeiro cristianismo*,
livro 2, cap. 34, seção 8

PARA REFLETIR: Sl 23.1-6; 71.1-6; Is 40.1-11; 51.1-16; **Mt 13.44;** Jo 14.18-24; 17.1-19; **Rm 8.31-39;** 1Ts 5.1-11

O máximo que o diabo e seus servos podem fazer é dilacerar o corpo dos filhos de Deus. Além do corpo, que não passa de uma vestimenta, eles não podem ir. A alma é cercada pelo escudo de Deus. Mesmo quando o filho de Deus cai em tribulação, enquanto ele permanecer fielmente na esperança do auxílio divino, Satanás e seus servos serão incapazes de prejudicá-lo.

Em contrapartida, aquele que enfrenta as trevas da tribulação com pouca confiança na proteção de Deus será castigado pelo medo. Uma vez que não segura a luz da fé nas mãos, não consegue ver que o perigo que enfrenta é muito menor do que ele teme.

A principal razão pela qual Satanás pode nos ameaçar é que nós atribuímos importância demais ao nosso corpo e importância insuficiente à nossa alma. Nós nos preocupamos em alimentar e contentar o corpo, mas, infelizmente, quase nunca pensamos na alma, que não pode ser vista sem o entendimento espiritual e o olho da fé. Devido a esse valor equivocado, consideramos a perda do corpo como sendo de maior risco que a condição ruim da alma. Cuidemos para que, na noite escura da tribulação, não sejamos apanhados sem a confiança plena e segura na Palavra de Deus.

Tomás More, Diálogo do consolo contra a tribulação,
livro 2, seção 12

Ilumina-me, ó bom Jesus, com a claridade da tua luz eterna e dissipa todas as trevas que habitam em meu coração. Que a paz reine por meio do teu poder; que a plenitude do teu louvor ressoe no templo santo, que é a consciência pura. Diz ao mar da minha alma: "Acalme-se", e ao vento norte da minha mente: "Não sopre". Amém.

Tomás de Kempis (c. 1380–1471), Imitação de Cristo,
livro 3, cap. 23

PARA REFLETIR: Mt 6.19-34; Mc 14.32-42; Lc 4.1-13; 12.13-38; Jo 12.31-32; 1Co 10.13; Hb 10.19-25; 13.20-21; Tg 1.2-4; 2Pe 2.9

◇◇◇◇◇◇ **32** ◇◇◇◇◇◇

Na noite de tribulação, um truque do diabo é abordar os fiéis e enchê-los de medo. Ele tenta colocar em nossa imaginação mais razões para o temor além das razoáveis. Quando alguém anda à noite pela floresta, assusta-se com coisas que não o assustariam durante o dia.

Quando era jovem, fui com meu rei à guerra contra os turcos. Havíamos acampado em território inimigo, a quilômetros de Belgrado. Perto da meia-noite alguém gritou que os turcos se aproximavam de nós sob a cobertura da escuridão. Todo o exército se preparou rapidamente para a batalha. Três de nossos batedores haviam trazido a surpreendente notícia. Um disse que, sob o luar, havia visto os turcos avançarem em silêncio, numa longa coluna. Os outros haviam apenas avistado o inimigo, mas se convenceram a ponto de correr de volta ao acampamento para dar o alerta. Assim, permanecemos em vigilância pelo resto da noite, esperando e temendo o ataque inimigo. Muitos de nós estavam certos de ouvi-los se aproximando. Mas, quando a madrugada irrompeu, o batedor e alguns de nossos capitães foram enviados em busca do inimigo. Quando chegaram ao local onde estaria a coluna inimiga, o grande e temível exército revelou ser uma longa sebe, imóvel como pedra.

Tomás More, *Diálogo do consolo contra a tribulação*,

LIVRO 2, SEÇÃO 12

Ó Deus altíssimo, ergue meu espírito abatido pelo peso dos pecados e dirige todas as minhas esperanças para as coisas celestiais, para que, tendo provado a doçura da felicidade eterna, eu não encontre nenhum prazer duradouro em desejar coisas terrenas.

Tomás de Kempis (c. 1380–1471), *Imitação de Cristo*,

LIVRO 3, CAP. 23

PARA REFLETIR: Sl 5.11-12; 13.5-6; Pv 3.16; Is 25.1; Mt 6.25-34; Jo 14.18-24; Rm 8.15,19,28; Ef 6.10-20; Hb 12.3-13; Ap 3.7-13; 20.10

Uma causa para o medo na noite escura da tribulação é a injustificável covardia ou precipitação diante do avanço do diabo. Chamemos esse fenômeno, de quando um cristão se atemoriza sem motivos, de tibieza e estômago fraco. Em razão disso, ele foge, quando, se não o fizesse, não sofreria nenhum dano. Ao fugir do diabo em vez de agir com coragem, o cristão dá ao inimigo uma força que ele não possui. Se o cristão houvesse agido com coragem no poder do Espírito, o diabo teria fugido.

A covardia diante de nosso antigo inimigo gera um coração fraco e a impaciência. Muitas vezes a impaciência leva o cristão a desenvolver uma atitude completamente contrária à fé e à confiança em Deus. Dessa forma, o cristão temeroso se torna impulsivo, desatento e até mesmo zangado com Deus. Em vez de exalar a confiança e força que o Espírito lhe dá, o cristão zangado pode até flertar com a blasfêmia.

Além disso, observe que a covardia na presença de Satanás frequentemente impede o cristão de praticar as boas ações que, se tivesse confiado no Espírito, teria sido capaz de praticar. Essas pessoas deveriam erguer a voz, apelar para Deus e, por meio do conselho de cristãos mais fortes, livrar-se dessa covardia provocada pelo diabo, que anseia por destruir o evangelho de Jesus Cristo.

TOMÁS MORE, *DIÁLOGO DO CONSOLO CONTRA A TRIBULAÇÃO*,

LIVRO 2, SEÇÃO 13

Ó Deus, fortalece-me pela graça do Espírito Santo. Dá-me força para robustecer meu interior e esvaziar meu coração de todo cuidado e ansiedade inúteis. Dá-me, Senhor, sabedoria celestial para buscar-te e achar-te, para amar-te e valorizar todas as coisas segundo tua sabedoria. Amém.

TOMÁS DE KEMPIS (C. 1380–1471), *IMITAÇÃO DE CRISTO*,

LIVRO 3, CAP. 27

PARA REFLETIR: Pv 14.26; 28.21; Lc 10.17-24; Rm 16.20; Ef 3.7-13; 2Tm 1.6-7; Hb 4.12-16; 10.19-25; 13.1-6; 1Pe 5.6-11; 1Jo 2.18-29; 4.13-21

34

Quando o medo domina a reação de um cristão às ameaças de Satanás, gera uma filha tímida, uma moça tola, chorosa e desditosa chamada Meticulosidade. Ela recebeu esse nome porque mostra escrúpulos excessivos e uma consciência paralisante. Se empregada como doméstica numa casa, está sempre ocupada e atarefada. Mas está sempre se alvoroçando e se lamuriando, com medo de ter feito algo que desagrade à patroa.

Você acha que a patroa ficará sempre satisfeita com essa situação? Claro que não. Suponha que a patroa perguntasse: "Qual é o problema, moça? Por que está sempre se preocupando se me desagradou ou não, a ponto de não parecer conseguir realizar nada de útil?". Ora, diante de uma pergunta dessas, a moça provavelmente pensaria que a patroa é um demônio. Você não relutaria em manter a seu serviço uma moça tomada por um medo tão paralisante? Mantenha-a por perto e haverá medo onde não há razões para medo, e culpa onde não há pecado.

Satanás usará a Meticulosidade para roubar a confiança do cristão na poderosa graça e clemência de Deus para, assim, levar o cristão a praticar suas boas ações privado de liberdade, de alegria e da consolação misericordiosa de Deus. O diabo se deleita em tornar as boas obras do cristão tediosas e fatigantes.

Tomás More, *Diálogo do consolo contra a tribulação*,
livro 2, seção 14

Concede, ó Senhor, que meu coração não deseje nem busque nada além do que é necessário para o cumprimento da tua santa vontade. Que nem saúde nem doença, nem riqueza nem pobreza, nem honra nem desonra tirem de mim essa perfeita liberdade que desejo para a tua maior honra e a tua maior glória. Amém.
Inácio de Loyola (c. 1491–1556), Feast of All Saints

PARA REFLETIR: Êx 33.12-17; Pv 14.26; 28.1; Ef 3.9-12; Hb 4.14-16; 10.19-20; 13.5-6; 1Jo 2.24-29; 4.10-21

JOÃO CALVINO
(1509–1564)

Imagine o que os antigos colegas do apóstolo Paulo teriam dito quando descobriram que ele havia abandonado uma carreira promissora no judaísmo para ingressar em uma seita perseguida cujo fundador iletrado fora crucificado recentemente. Desde a juventude, Paulo havia sido preparado para ocupar posições de destaque. Mas tudo desmoronou no que parecia um desatino incompreensível. João Calvino, um dos herdeiros teológicos de Paulo, também abandonou uma carreira promissora para se associar a pessoas vulneráveis e perseguidas.

Calvino nasceu em Noyon, na França, filho de um pai ambicioso que se tornara secretário do bispo da cidade e advogado do capítulo catedrático (associação responsável pela administração de uma catedral). Fez amizade com uma das famílias mais nobres da cidade, o que facultou a João e a seus irmãos mais novos o acesso à sociedade cortês. As ligações sociais do pai também ajudaram a assegurar benefícios (rendas de bens eclesiásticos) para João. Em 1523, os benefícios ajudaram a abrir-lhe as portas da Universidade de Paris. Quando João se formou, em 1528, havia feito amigos estratégicos entre as pessoas influentes. O pai desejava que João se tornasse teólogo. Mas, em razão de uma disputa entre seu pai e as autoridades da catedral, João foi reorientado para o estudo de direito na Universidade de Orleans e na Universidade de Bourges. Além do direito, Calvino se interessava profundamente pelo humanismo europeu. Após a formatura e a morte do pai, em vez de seguir carreira jurídica, ingressou no Colégio de França, centro de estudos humanistas, para continuar a aprofundar-se no humanismo. Em 1532, foi publicada a primeira obra humanista de Calvino. Sem que João soubesse, seus estudos o estavam preparando para a liderança como reformador e como especialista nas Escrituras.

Embora os livros de Martinho Lutero estivessem sendo introduzidos na França e no círculo intelectual de Calvino, ele mostrou pouco interesse pela luta religiosa que se desenrolava na Europa. Envolver-se em controvérsias não era de sua personalidade; ele queria ser um intelectual humanista. Mais tarde, no prefácio de seu *Comentário de Salmos*, Calvino descreveu-se como tendo "uma disposição um tanto rude e tímida". Preferia um "canto isolado onde pudesse furtar-me da opinião pública".

Calvino tinha amigos protestantes, mas seu movimento pessoal em direção ao protestantismo foi hesitante. Entre 1532 e 1534, passou por uma conversão religiosa semelhante à de Lutero. Sabemos pouco sobre essa conversão, exceto que Deus lhe falou por meio das Escrituras. Apesar de permanecer membro da comunidade humanista parisiense, a fé se tornou o elemento mais importante de sua vida. No dia 1º de novembro de 1533, o amigo humanista de Calvino, Nicolas Cop, pronunciou um discurso sobre a reforma da Igreja que soou "luterano" demais para o gosto do rei Francisco I (1494–1547). Francisco ficou furioso. Cop e Calvino se esconderam. Percebendo que essa nova experiência religiosa estava desafiando sua lealdade a Roma, Calvino voltou a Noyon para renunciar a seus benefícios. Foi preso durante um breve período. A França se tornava perigosa demais para Calvino. No início de 1535, fugiu para Basileia, na Suíça, que era protestante.

A perseguição aos protestantes franceses se intensificava. Entre outras acusações, eles estavam sendo denunciados por anarquia. Para defender os compatriotas protestantes, em 1536 Calvino publicou (anonimamente) as *Institutas da religião cristã*. Ele quis colocar diante de Francisco I uma "confissão de fé, a partir da qual o rei possa aprender como é a doutrina que tanto inflama a ira desses desvairados que hoje, a ferro e fogo, perturbam seu reino" (prefácio). Com o tempo, as *Institutas* passaram por diversas revisões e traduções. Elas são ao mesmo tempo um "clássico da teologia cristã" e um "modelo de devoção cristã" (John Murray). As palavras do próprio Calvino captam melhor o espírito das *Institutas*. Elas foram concebidas para ensinar a "verdadeira piedade" (prefácio). As *Institutas* podem ser consideradas o manifesto mais influente e completo de pelo menos uma grande parte da cristandade protestante.

Com o tempo, Genebra se tornou a base de Calvino para desenvolver uma teologia reformada e um modelo de relações entre igreja e estado. O impacto de Calvino sobre a cristandade protestante é incalculável.

◇◇◇◇◇◇◇ **35** ◇◇◇◇◇◇◇

O que é "evangelho"? Nas Escrituras, a palavra grega denota a mensagem boa e alegre da graça exibida em Cristo. O evangelho nos exorta a desejar essa bênção inestimável de todo o nosso coração e a abraçá-la quando oferecida. Deus dá expressamente o nome de "evangelho" à mensagem sobre Cristo que ele deseja que seja proclamada. Em nenhum outro lugar a verdadeira e sólida alegria pode ser obtida, pois em Cristo nós recebemos tudo o que é necessário para a perfeição da alegria.

Há quem considere que a palavra "evangelho" se aplica a todas as generosas promessas de Deus, inclusive aquelas que se encontram na Lei e nos Profetas. Na verdade, todas as vezes que Deus declara que se reconciliará com os seres humanos e que perdoa generosamente os pecados, Cristo está sendo manifestado. Nesse sentido, os pais do Antigo Testamento foram participantes do mesmo evangelho que recebemos. Entretanto, de modo mais explícito, o evangelho foi proclamado pela primeira vez por Jesus Cristo sob o poder do Espírito Santo. Nesse sentido, o evangelho é a proclamação da graça revelada no Cristo encarnado. Por essa razão, o evangelho é chamado de poder de Deus para a salvação.

Como a promessa da misericórdia de Deus e de seu amor paternal por nós, Cristo é o tema do evangelho: ele é o Evangelho de Deus.

João Calvino, "Análise do Evangelho de João",
em Comentário de João, vol. i

Ó santo e todo-poderoso Deus, Pai de toda misericórdia, uma vez que em Cristo exaltaste tanto a natureza humana, agrada-te também de santificar minha pessoa, para que, em conformidade com a humildade, o evangelho e os sofrimentos de meu Salvador, eu seja unido a seu Espírito e seja um com o santíssimo Jesus. Amém.

Jeremy Taylor (1613–1667), "Oração a ser feita na
celebração do Natal", em Vida santa, cap. 4, Orações para
todo tipo de pessoa

PARA REFLETIR: Mt 4.23; Lc 24.1-12; **Rm 1.16;** 14.17; 1Co 1.20-25; 10.4; 2Co 5.21; Ef 1.3-14; Cl 1.11-14; 1Tm 1.15; Hb 1.4; Ap 5.6-10

36

(Quando fala sobre o testemunho interno do Espírito Santo, Calvino
o faz no contexto da salvação.)

Nossa fé em doutrinas não se firma de fato enquanto não experimentamos a convicção de que seu autor é Deus. Mesmo então, a prova das Escrituras deriva do caráter daquele cuja Palavra as Escrituras expressam. Os profetas e os apóstolos não alardeiam sua habilidade ou sabedoria superior, nem se baseiam na razão. Invocam o sagrado nome de Deus. Nossa convicção sobre a verdade das Escrituras deve derivar de uma fonte mais elevada do que conjecturas, julgamentos ou argumentos humanos, ou seja, do testemunho interno do Espírito Santo. É absurdo tentar gerar plena confiança nas Escrituras por meio de argumentos. É verdade que, se precisasse discutir com astuciosos que desprezam a Deus, eu poderia silenciá-los. Entretanto, embora possamos defender a sagrada Palavra de Deus contra opositores, disso não se segue que possamos implantar no coração deles a certeza que a fé exige. O testemunho do Espírito é superior à razão. Como somente Deus pode testemunhar adequadamente de suas próprias Palavras, então essas Palavras não obterão plena confiança até que sejam seladas pelo testemunho interno do Espírito Santo.

João Calvino, *Institutas da Religião Cristã*, livro 1, cap. 7, seção 4

Toma, ó Senhor, e receba toda a minha liberdade, minha memória, meu entendimento e toda a minha vontade. Tudo o que sou e tudo o que tenho tu deste a mim: a ti entrego tudo, para que disponhas de acordo com a tua vontade. Dá-me somente o teu amor e a tua graça; isso bastará para me fazer rico, e nada mais desejarei. Amém.

Inácio de Loyola (c. 1491–1556), Feast of All Saints

PARA REFLETIR: Mc 12.24; Lc 24.25-27; Jo 5.39; 15.26; Rm 8.14-16; Ef 6.17; 2Pe 1.19-21; 1Jo 2.18-25,27; 5.6-12

Que se tome isto, então, por estabelecido: aqueles a quem o Espírito Santo ensinou interiormente sabem com certeza que as Escrituras são a Palavra de Deus. Com o testemunho interno do Espírito Santo à veracidade das Escrituras, estas carregam a sua própria comprovação. A sua verdade não está depositada em provas e argumentos, mas deve a plena convicção com a qual nós as recebemos ao testemunho do Espírito. Iluminados por ele, já não cremos que as Escrituras procedem de Deus por nosso próprio juízo, ou pelo juízo de outros. O testemunho do Espírito Santo é superior ao juízo humano. Assim, recebemos a garantia — como se houvéssemos visto a imagem divina sendo gravada nelas — de que as Escrituras vieram a nós, ainda que por meios humanos, da própria boca de Deus. Sujeitamos nosso intelecto e juízo à afirmação do Espírito sobre as Escrituras como sendo transcendentes demais para que as julguemos. Fazemos isso, não enquanto esperamos provas mais convincentes, mas porque temos plena convicção de que estamos diante da verdade inexpugnável. Não se trata da convicção de pessoas desprezíveis cuja mente foi escravizada pela superstição, mas porque encontramos uma energia divina vivendo e respirando na Palavra de Deus. Essa energia nos atrai e nos anima a obedecer de livre e completa vontade.

João Calvino, *Institutas da religião cristã*, livro 1, cap. 7, seção 5

Ó vem, Espírito Santo, permite que saibamos por experiência o que possuímos em nosso Deus e Salvador, de modo que nos tornemos fervorosos em espírito e fortalecidos para nos agarrarmos a nosso Senhor firmemente. Desce sobre nós e transforma-nos nas pessoas pelas quais anseia o coração de Deus. Amém.

Christian Charles J. Bunsen (1791–1860), *Orações da coleção do finado Barão Bunsen*

PARA REFLETIR: Js 1.8-9; Is 43.10; 55.11; Lc 16.19-31; Jo 16.13; 2Ts 2.15; 2Tm 3.1-17; Hb 4.12-13; 2Pe 1.20-21

Seria vã a tentativa de quem quisesse fortalecer a autoridade das Escrituras usando argumentos humanos, confiando no testemunho da igreja ou por qualquer outro recurso se a Palavra de Deus não estivesse primeiramente baseada em uma segurança mais elevada e mais forte que o juízo humano. Até que essa base anterior e mais forte seja lançada — o testemunho convincente do Espírito Santo —, a autoridade das Escrituras permanece duvidosa.

Por outro lado, apoios à autoridade da Bíblia que não têm força em si mesmos podem fornecer recursos para aqueles a quem o Espírito já convenceu. A convicção é fortalecida quando consideramos quão admiravelmente o sistema da sabedoria divina está contido nela ou quão perfeitamente livre é a sua doutrina de tudo o que é danoso ou letal. Nossa confiança é fortalecida ao vermos quão belamente as partes das Escrituras se harmonizam e como outras qualidades lhes dão um ar majestoso. Nosso coração é fortalecido quando percebemos que nossa admiração é mais evocada pela dignidade do conteúdo bíblico que pela eloquência do estilo. Em um arranjo admirável, os sublimes mistérios do reino dos céus foram, em larga medida, transmitidos com uma linguagem simples. Se as Escrituras houvessem sido embelezadas com uma eloquência esplêndida, seus inimigos poderiam ter atribuído seu poder à eloquência humana, e não a Deus.

João Calvino, *Institutas da religião cristã*, livro i, cap. 8, seção i

---

Ó grande Deus, Pai altíssimo, que prometeste habitar naqueles que são de espírito humilde e que reverenciam tua Palavra, cria agora em nós um coração receptivo e dá-nos um sagrado respeito por teus mandamentos. Amém.

Gerhard Tersteegen (1697–1769),
Orações: antigas e modernas

PARA REFLETIR: Sl 119.105; Jr 23.29; Jo 6.60-65; Rm 10.17; 1Co 2.5; Ef 6.13-17; Hb 4.12-13; 2Pe 1.19-21

◇◇◇◇◇◇ **39** ◇◇◇◇◇◇

O apóstolo Paulo afirmou claramente que sua proclamação de Cristo não era fundada em sabedoria e eloquência humanas, mas em uma demonstração do Espírito e do poder. A verdade é confirmada de modo mais convincente quando sua suficiência reside nela própria, não quando precisa confiar em apoios exteriores. Isso é especialmente verdade das Escrituras quando consideramos que nenhuma escrita humana, por mais habilmente composta, é capaz de nos afetar como a Palavra de Deus.

Em elegância e beleza, o estilo de alguns profetas se equipara ao de escritores pagãos eloquentes. Em outros casos, o Espírito Santo usou escritores que exibiam um estilo rude e não burilado. Mas quer leiamos Davi, quer Isaías, cujo discurso flui suave e aprazível; quer Amós, o vaqueiro, quer Jeremias, quer Zacarias, cuja linguagem menos refinada soa rústica, a majestade do Espírito Santo é evidente em todos. Ao passar da leitura de Demóstenes, Cícero, Platão e Aristóteles ao Livro Sagrado, nosso coração é tocado ao sentir que, em comparação, a impressão deixada pelos oradores e filósofos desaparecerá quase completamente. Ficará claro que, no Livro Sagrado, existe uma verdade divina que o torna incomensuravelmente superior.

João Calvino, Institutas da religião cristã, livro i,
cap. 8, seções 1-2

Ó Espírito Santo, que em todas as eras consolaste e fortaleceste mártires e confessores, que sempre foste Consolação sustentadora e Refrigério abundante dos que penam e sofrem, que derramas amor, alegria e paz no coração dos fiéis e obedientes discípulos de Cristo, concede agora que sejamos preenchidos com a plenitude de tua graça e de tuas dádivas. Amém.

Extraído do Tesouro de devoção (1869), citado em Orações:
antigas e modernas

PARA REFLETIR: Sl 119.10-11,33-36,105,111-12,160; Mt 4.4; Jo 1.1-5; 20.30-31; 21.24-25; Rm 15.4; **1Co 2.1-5**; 1Tm 4.13; Hb 4.12

40

O consentimento da igreja para com a autoridade divina das Escrituras dá peso às razões pelas quais os cristãos afirmam que elas são a Palavra de Deus. É importante que tantas eras da igreja tenham concordado uniformemente em prestar obediência às Escrituras. Apesar dos muitos esforços de Satanás para oprimir e destruir a Bíblia, ou apagá-la da memória humana, ela floresceu como a palmeira e permaneceu invencível. Embora nos tempos antigos quase todo orador de algum renome utilizasse de seus poderes verbais contra ela, tais esforços fracassaram.

Os poderes terrenos se armaram para a destruição da Bíblia, mas todas as suas tentativas se esvaíram como fumaça. Diante de ataques tão poderosos, como poderia a Palavra de Deus ter resistido se confiasse no raciocínio humano? Com efeito, sua origem divina é ainda mais solidamente estabelecida pelo fato de que, quando todos os poderes humanos foram arregimentados contra ela, ela se defendeu pelas próprias forças e saiu vencedora.

A autoridade da Bíblia foi reconhecida amplamente em todo o mundo — nações que nada possuem em comum entraram nessa santa aliança. Outro fator que podemos observar, e que não é de pouca importância, é a vida de retidão daqueles que concordam sobre a Palavra de Deus.

João Calvino, *Institutas da religião cristã*, livro i, cap. 8, seção 12

Ó santo Jesus, Príncipe da tua igreja, preserva-a a salvo do cisma, da heresia e da idolatria. Que o sacrifício diário da igreja em oração e as ações de graças sacramentais nunca cessem, mas sejam eternamente apresentados a ti e sempre consigam obter para todos os seus membros a tua graça e bênção, o teu perdão e salvação. Amém.

Jeremy Taylor (1613–1667), "Uma forma de oração ou intercessão para pessoas de toda classe", em *Vida santa*, cap. 4, Orações para todo tipo de pessoa

---

PARA REFLETIR: Js 1.8; Pv 14.34; At 17.11; 1Co 2.12-13; 2Co 4.1-6; Cl 3.16; 1Ts 2.13

A ideia de Deus como um Criador momentâneo que completou sua obra e depois a abandonou nos dá uma sensação de frieza e vazio. A presença do poder divino não é menos evidente na preservação do mundo que em sua criação inicial. Até mesmo os que não são cristãos entendem que Deus criou o mundo. Mas a fé tem um método próprio de atribuir não apenas a criação inicial a Deus, como também a preservação do mundo. A crença na preservação envolve a providência generosa de Deus, sem a qual não poderíamos de fato entender o que significa chamar a Deus de Criador. Sem a fé, uma pessoa chama a Deus de Criador inicial e aí se detém. Ela poderia até meditar sobre a sabedoria, o poder e a bondade de Deus exibidos na criação. Mas então ela acredita que o mundo, de alguma forma, sustenta e governa a si mesmo. A fé, contudo, proporciona um conhecimento melhor; penetra mais fundo para ver que Deus não é somente o Criador como também o Governador e Preservador. Por uma providência especial, Deus sustenta e governa tudo o que criou. O Deus que conhecemos por meio da fé não teria criado o mundo sem também continuar a cuidar de suas obras. O conhecimento do crente sobre a graça de Deus lhe permite entender o favor paternal de Deus, no qual "vivemos, nos movemos e existimos".

João Calvino, *Institutas da religião cristã*, livro 1, cap. 16, seção 1

Ó santo e eterno Jesus, dá a teus pastores dos mistérios da fé cristã o espírito de prudência e santidade, fé e caridade, confiança e zelo, empenho e vigilância, para que declarem fielmente tua vontade para teu povo e distribuam retamente teus sacramentos. Amém.

Jeremy Taylor (1613-1667), "Uma forma de oração ou intercessão para pessoas de toda classe", em *Vida santa*, cap. 4, Orações para todo tipo de pessoa

---

PARA REFLETIR: Sl 33.6; 89.11; 104.1-35; Sabedoria 11.21-26 (deuterocanônico); Is 44.24; Jo 1.1-5; **At 17.22-31**; Ef 3.9; Cl 1.15-20; Hb 1.1-4; 11.1-3; Ap 4.11

Aquele que viria a se tornar nosso Mediador diante de Deus teria, por necessidade, de ser verdadeiro Deus e verdadeiro ser humano. Nosso Pai misericordioso planejou o que era melhor para nós. Nossos pecados, como uma nuvem interposta entre Deus e a humanidade, haviam-nos alienado completamente do reino dos céus. Sendo o pecado um problema humano, apenas um humano, apelando a Deus, poderia ser o intermediário para nos restaurar o favor divino. Mas quem poderia apelar ao Pai? Poderia ser algum dos filhos de Adão? Todos eles estremeciam diante da visão de Deus. A situação era sem esperança, a não ser que o próprio Deus descesse a nós, vendo que era impossível para a humanidade ascender a ele.

Assim, era necessário que o Filho de Deus se tornasse nosso Emanuel, de tal forma que sua deidade e nossa humanidade pudessem ser reunidas. De outro modo, a proximidade não seria suficiente e a afinidade não seria forte o bastante para haver alguma esperança de Deus habitar conosco. É por boas razões que o Espírito Santo, falando por meio de Paulo, chamou nosso Mediador de "o homem Cristo Jesus". Ele sabia que Deus havia providenciado o remédio mais adequado ao nos apresentar o Filho de Deus como um de nós.

João Calvino, *Institutas da religião cristã*, livro 2, cap. 12, seção 1

Ó Jesus bendito, tomaste nossa natureza humana sobre ti para que pudesses sofrer por nossos pecados. Sofreste para nos livrar deles e da justa ira do Pai. Libertaste-nos para que pudéssemos te servir em santidade e justiça todos os dias. Nunca permitas que o espírito de descrença nos tire desta rocha. Deixa-nos morar aqui e aqui morrer. Amém.

Jeremy Taylor (1613–1667), "Oração em preparação ao santo sacramento", em *Vida santa*, cap. 4, Orações para todo tipo de pessoa

---

PARA REFLETIR: Mt 1.18-25; Lc 1.26-38; 2.1-14; Jo 1.14; 8.56; Fp 2.1-11; Cl 1.15-20; **1Tm 2.5**; 3.16; Hb 1.1-14; 4.15; 1Jo 1.1-2; 4.2

Considere como as Escrituras falam do Espírito Santo. Ele é chamado de "Espírito de adoção", porque nos é testemunha da generosidade voluntária com que Deus, o Pai, nos abraça por meio de seu Filho unigênito. Por adoção Deus se torna nosso Pai e nos dá a coragem de nos aproximarmos dele. De fato, o Espírito chega a ditar-nos as palavras a empregar: "*Aba*, Pai". O Espírito Santo nos "sela" como filhos de Deus e deposita o penhor do Espírito em nosso coração em antecipação à consumação do reino. A nós, peregrinos, o Espírito dá a vida do alto e assegura que nossa salvação está garantida sob a guarda de um Deus leal. Além disso, pela irrigação interior do Espírito ele nos faz florescer e produzir os frutos da justiça.

O Espírito Santo atua para subjugar e destruir nossos vícios e inflamar nosso coração com amor a Deus e à santidade. Por isso o Espírito Santo às vezes é descrito como uma *Fonte* da qual fluem riquezas celestiais. Por sua inspiração divina ele insufla a vida divina dentro de nós, de modo que não somos mais governados por nós mesmos, mas por ele. Tudo de bom que existe em nós é fruto de sua graça, sem a qual seríamos meras trevas de entendimento e coração. Por meio dele, somos parte do corpo de Cristo.

João Calvino, *Institutas da religião cristã*, livro 3, cap. 1, seção 3

Ó santo e eternamente bendito Espírito, que pairaste sobre a santa virgem mãe de nosso Senhor, queira pairar sobre minha alma e iluminar meu espírito, para que o santo Jesus nasça em meu coração e eu o carregue em meus pensamentos e alcance a completa medida da estatura de Cristo. Amém.

Jeremy Taylor (1613–1667), "Oração a ser feita na celebração do Natal", em *Vida santa*, cap. 4, Orações para todo tipo de pessoa

---

PARA REFLETIR: Is 44.3; Ez 36.25; Jo 2.14; 7.37; At 11.21; **Rm 8.10,15;** **2Co 1.22; Gl 4.6; Ef 1.13-14;** 1Jo 2.20,27

44

Considere a natureza da verdadeira fé cristã pela qual aqueles que são adotados na família de Deus obtêm posse do reino celestial. Para realizar objetivo tão grandioso, nenhum esforço ou opinião humana é adequado. Ao ouvir o termo "fé", muitos pensaam que não significa mais que uma concordância geral com o evangelho.

Por nossos próprios esforços, Deus, o Pai, é inacessível. Só Cristo, pela sua mediação, torna a fé possível; é a sua dádiva. Ele é "o caminho, a verdade e a vida". Ninguém pode vir ao Pai senão pelo Filho, pois o Filho é a imagem exata da glória do Pai. Se Cristo não tornasse a fé possível, o Pai permaneceria distante e oculto. E, a menos que Cristo nos ilumine, tudo o que o Pai confiou a seu Filho unigênito permanece estranho a nós. Pedro diz que por meio de Cristo nós cremos em Deus; a fé tem origem e estabilidade apenas em Cristo. Agostinho disse que, ao falar do objeto da fé cristã, há três coisas que devem ser conhecidas: "o que deve ser conhecido, para onde devemos ir e por qual caminho" (*A Cidade de Deus*, livro 11, cap. 2). Obtemos a salvação quando reconhecemos Deus como um Pai favorável — o que é demonstrado pela reconciliação feita por Cristo — e que Cristo nos foi dado para justiça, santificação e vida.

João Calvino, *Institutas da religião cristã*, livro 3,
cap. 2, seções 1-2

Ó Deus, concede-nos misericordiosamente que o fogo do teu amor incendeie dentro de nós tudo o que te desagrada, e torna-nos aptos para o teu reino celestial. Amém.

Breviário romano, *Orações: antigas e modernas*

PARA REFLETIR: Mt 11.27; Jo 14.1-6; At 13.13-52; Rm 5.2; 10.17; 12.3; 1Co 1.26-31; Gl 5.22-23; Ef 2.8; Cl 2.12; 1Tm 1.14; **Hb 1.1-3; 1Pe 1.21**

◇◇◇◇◇◇◇ **45** ◇◇◇◇◇◇◇

Deus, o Pai, nos reconciliou consigo em seu Ungido. Ele imprimiu sua imagem em nós, e quer que nos conformemos a ela. Não apenas as Escrituras nos exortam a regular nossa vida pela visão de Deus, mas também acrescentam que Cristo, por meio do qual recuperamos o favor de Deus, foi posto diante de nós como modelo, a imagem que nossa vida deve expressar. Se o Senhor nos adota como filhos sob a condição de que nossa vida represente Cristo, o Vínculo de nossa adoção, então, a não ser que nos comprometamos totalmente com a justiça, não apenas nos revoltamos contra nosso Criador como também renunciamos ao próprio Salvador. As incontáveis bênçãos de Deus e cada componente de nossa salvação nos exortam à santidade. Visto que Deus se revelou como nosso Pai, seria uma expressão de extrema ingratidão não demonstrar por meio de nossa vida que somos seus filhos. Porque Cristo nos purificou com seu sangue e confirmou essa purificação no batismo, seria escandaloso se nos corrompêssemos com novas imundícies. Porque o Espírito Santo nos santificou como templos do Senhor, devemos nos esforçar por exibir a glória de Deus e nos guardar de ser profanados pela degradação do pecado.

João Calvino, *Institutas da religião cristã*, livro 3, cap. 6, seção 3

Ó Senhor, nosso Deus, ensina-nos como suplicar-te corretamente. Dirige o navio de nossa vida em direção a ti; és o Porto tranquilo para todas as almas devastadas pela tempestade. Traça o curso que devemos seguir. Renova a disposição de espírito em nós. Faz que o Espírito Santo contenha nossos sentidos instáveis; guia-nos e prepara-nos para nosso verdadeiro bem, para cumprirmos teus mandamentos e alegrarmo-nos em todas as nossas obras com tua presença gloriosa e animadora. Tua é a glória e o louvor para todo o sempre. Amém.

Basílio Magno (c. 330–379 d.C.),
Orações: antigas e modernas

PARA REFLETIR: Ml 1.6; Jo 15.3; **Rm 6.1-4; 8.29;** 1Co 3.16; 6.11,15; 2Co 6.16; Ef 5.1-3,26; Cl 3.1-2; 1Ts 5.23; 1Pe 1.15; 1Jo 3.1

O princípio condutor pelo qual nosso Divino Mestre educa seu povo é o de que esse povo deve se apresentar como "sacrifício vivo, santo e agradável a Deus; este é o culto racional" [NVI]. Pertencemos a Deus; portanto, que sua sabedoria e vontade presidam todas as nossas ações. Ah, quão grande é a fidelidade do cristão que, tendo sido ensinado que não é dono de si, entregou o domínio e o governo do eu a Deus! Assim como o caminho mais certo para a destruição é a pessoa agir como se fosse senhora da própria vida, também o único porto seguro é não ter outra vontade nem outra sabedoria além de seguir o Senhor aonde quer que ele nos leve.

Que este seja, então, o primeiro passo rumo à santidade: que nos desprendamos de nós mesmos e devotemos toda a nossa energia mental ao serviço de Deus, obedecendo não apenas em palavras, mas também com a mente purificada de toda vida carnal. Esse é o discipulado que obedece voluntariamente ao chamado do Espírito Santo. Os filósofos atribuem o governo do eu à razão. Cristo, porém, ordena que nos submetamos ao Espírito Santo de modo que não vivamos mais por nós mesmos, mas que Cristo viva e reine em nós.

João Calvino, *Institutas da religião cristã*, livro 3, cap. 7, seção 1

Ó Espírito Santo, nós te entregamos todos os nossos membros. Transforma-os em instrumentos de tua justiça. A ti trazemos nosso coração, mesmo impuro e manchado; lava-o no sangue de Cristo e santifica-o para ser teu templo, dentro do qual reinas. Enche-nos com fé, graça e amor vivos. Que vivamos de agora em diante segundo tua Palavra e em todas as coisas obedeçamos à tua voz. Que esta seja nossa verdadeira adoração e ação de graças. Amém.

Christian Charles J. Bunsen (1791–1860), *Orações da coleção do finado Barão Bunsen*

PARA REFLETIR: Rm 8.3-11; **12.1-2; 14.8; Gl 2.20;** Ef 4.23; Fp 3.7-11; Tt 2.11-14; 1Pe 3.14-18

◇◇◇◇◇◇ **47** ◇◇◇◇◇◇

É muito difícil cumprir o dever cristão de buscar o bem-estar do próximo, a não ser que deixemos de pensar primeiro em nós mesmos. Como pode um cristão exibir as obras de amor que Paulo descreve se não renunciar a si mesmo e se dedicar aos outros? Se o único requisito fosse que não busquemos o que é nosso, nossa natureza não teria força para nos fazer cumpri-lo. A natureza nos inclina a amar tão somente a nós mesmos. Ela não nos permitirá facilmente ignorar nossos próprios interesses e abdicar de nossos direitos em favor do bem-estar do outro. Mas as Escrituras nos lembram a todos que as dádivas que recebemos do Senhor nos são concedidas sob a condição de que as empreguemos para o bem comum da igreja. Não existe regra mais certa ou exortação mais forte para os cristãos do que quando somos ensinados que os dons que possuímos são depósitos divinos confiados a nós para ser distribuídos para o bem do próximo.

As Escrituras vão ainda além quando comparam os dons a membros do corpo. Nenhum membro do corpo funciona por si próprio; cada membro transfere sua função aos outros membros, sem auferir nenhuma vantagem além das que recebe em comum com o corpo todo.

João Calvino, Institutas da religião cristã, livro 3, cap. 7, seção 5

Pai eterno e todo-poderoso, em Jesus Cristo, teu Filho unigênito, tu te revelaste como Amor. Oramos humildemente para que nos concedas o Espírito Santo a fim de nos auxiliar em tua glorificação, adorando-te com amor puro. Fortalece-nos para amarmos nosso próximo como a nós mesmos, para que, por meio de tua graça, sejamos preenchidos com teu amor. Amém.

Christian Charles J. Bunsen (1791–1860), Orações da coleção do finado Barão Bunsen

---

PARA REFLETIR: Mt 7.12; 14.13-21; **1Co 12.12; 13.1-13;** Gl 5.16-26; Ef 4.7-16; Tg 2.1-26; 1Jo 3.11-24; 4.13-21

◇◇◇◇◇ **48** ◇◇◇◇◇

O Senhor nos instruiu a fazer o bem a todos sem exceção, mesmo que uma pessoa possa não o merecer. As Escrituras fornecem uma razão excelente para tal conduta. Não devemos atentar para o que as pessoas merecem, mas para a imagem de Deus que existe nelas, e à qual devemos honra e amor. Mas para aqueles que pertencem à família da fé a regra é ainda mais aplicável, porque o Espírito Santo já está renovando e restaurando a imagem de Deus neles.

Assim, se alguém se apresenta a você precisando de assistência, não há motivos para recusar. Digamos que se trate de um estranho. O Senhor imprimiu nele uma marca que você deve reconhecer. O Senhor o aponta como alguém honrado pela própria imagem de Deus. Digamos que você não está ligado ao estranho por algum dever legal. Mas o Senhor tomou o lugar do estranho, para que você reconheça nele as várias obrigações que você tem para com o Senhor. A imagem de Deus pela qual o estranho lhe é recomendado é digna do seu melhor serviço. Visite-o com toda a estima, mesmo que ele seja indigno, e atribua esse gesto ao Senhor.

João Calvino, *Institutas da religião cristã*, livro 3, cap. 7, seção 6

Trago-te o coração aqui;
Guarda-o, meu Senhor.
Que eu não me aparte mais de ti,
Nem negue o teu amor.

Matthew Bridges (1880–1894),
Hinário

PARA REFLETIR: Êx 22.21; 23.9; Lv 19.10; Dt 10.19; Is 58.7; Jn 4.6-11; Mt 5.44; 6.14; 15.31-46; 18.35; 1Co 13.4; **Gl 6.7-10;** 1Jo 4.7-12

Por que os cristãos deveriam pensar que podem se eximir do caminho da cruz quando Cristo, sua Cabeça, submeteu-se a esse caminho por sua causa? Na cruz, o Senhor provou pacientemente a obediência ao Pai. Há razões para os cristãos trilharem o caminho da cruz. Eles correm o risco de falar de modo orgulhoso contra o Senhor, como se seus próprios recursos fossem suficientes sem a graça divina.

O apóstolo Paulo ensina que "as provações desenvolvem a perseverança". Deus prometeu que estará com os crentes na tribulação. Os cristãos aprendem a verdade da promessa de Deus quando são amparados por sua mão. Sua presença e apoio tornam a paciência possível. A paciência, nascida do Senhor, dá aos cristãos a prova experiencial de que Deus realmente fornece a ajuda prometida. A fé é confirmada, a vitória é seguida pela esperança e os cristãos sabem que, no futuro, Deus será justo como já foi no passado.

Persevere na graça de Deus com sincera confiança, comprove que ele é verdadeiro em suas promessas e seja forte na esperança.

João Calvino, Institutas da religião cristã, livro 3,
cap. 8, seções 1-3

Pai misericordioso e cheio de graça, bendigo e enalteço teu nome, pois tu me adotaste e me incluíste na herança de teus filhos e filhas, e compartilhaste comigo a herança de meu Irmão mais velho. Fortalece-me para que eu suporte o jugo e o fardo do Senhor, sem qualquer murmúrio de perturbação e relutância inúteis. Com minhas próprias forças não sou capaz de esperar na cruz contigo. Que seja de teu agrado, porém, vencer minha fraqueza fortificando-me com o Espírito Santo, para que eu seja mais forte quando sou mais fraco e possa fazer e sofrer tudo o que desejares, por meio de Cristo, que me fortalece. Amém.

Jeremy Taylor (1613–1667), *Orações: antigas e modernas*

PARA REFLETIR: Mt 10.37-39; 16.21-26; Mc 10.17-31; Lc 14.25-33; Rm 5.1-4; 6.1-4; Gl 6.14; Fp 3.10; Cl 1.9-14; 3.12-17

◇◇◇◇◇◇ **50** ◇◇◇◇◇◇

Se considerarmos os propósitos para os quais Deus criou os alimentos, descobriremos que não foi apenas para atender às nossas necessidades, mas também para a nossa satisfação e prazer. Acaso o Senhor não adornou as flores com toda a beleza e aroma espontâneos que encantam nossos sentidos?

Não aceite o que dizem aqueles que não permitem o uso da criação de Deus além da mera necessidade. Tal rigor nos priva do uso conforme a lei da bondade divina e da apreciação da beleza que nos foi dada por Deus. Ele nos deu muitas coisas para nosso desfrute além dos limites da necessidade.

Por outro lado, empenhemo-nos em resistir aos desejos da carne, que, se não forem mantidos sob controle, romperão os limites de um desfrute adequado da criação de Deus. Com a desculpa da liberdade, alguns cristãos se permitem todo tipo de complacência. Um bom princípio para manter o equilíbrio é lembrar que todas as coisas criadas devem nos ensinar a conhecermos seu Autor e a sermos gratos por suas dádivas. Tal gratidão é ofendida quando uma pessoa permite que seus desejos ardam em licenciosidade. Perdem-se, dessa forma, o discernimento e a paz. Onde está, por exemplo, a gratidão a Deus pelas vestimentas se, devido ao nosso vestuário suntuoso, admiramos a nós mesmos e desdenhamos os outros?

João Calvino, *Institutas da religião cristã*, livro 3, cap. 10, seções 2-3

Concede-me, ó Deus todo-poderoso e misericordioso, desejar com ardor, procurar com prudência e realizar com perfeição o que for do teu agrado. Organiza minha condição neste mundo para a glória do teu nome e, de tudo o que exiges que eu faça, dá-me o conhecimento, o desejo e a capacidade de realizar tua vontade como convém. E que meu caminho rumo a ti seja seguro, direto e fiel até o fim. Amém.

Tomás de Aquino (c. 1225–1274),
Orações: antigas e modernas

PARA REFLETIR: Sl 104.15; Pv 25.28; **Rm** 12.1-2; **13.14**; 1Co 9.24-27; Gl 5.22-23; 2Tm 1.7; Tt 2.11-14; 2Pe 1.5-7

Vejam quão completamente desprovidos somos de toda justiça diante de Deus e quão carentes somos em termos de recursos para obter nossa salvação. Assim, se obtivermos a salvação, ela deverá vir de fora. O Pai gentil e espontaneamente se manifestou em Cristo. Em Cristo, o Pai oferece felicidade em lugar de nossa angústia e fartura em lugar de nossa pobreza. Consequentemente, os tesouros do céu se abriram para nós. Agora podemos nos voltar com plena confiança para o Filho amado do Pai, confiar nele com plena expectativa, descansar nele e a ele nos agarrar, cheios de esperança. Nada disso pode ser aprendido por meio de argumentos filosóficos, mas apenas por aqueles cujos olhos foram abertos por Deus.

Todavia, depois que houvermos, pela fé, aprendido isso, agrada ao Pai que bebamos livremente em Cristo, que é a Fonte Inesgotável. Fazemos isso por meio da oração; pedimos a ele o que sabemos que nele está. A fé sem a oração não é genuína fé cristã. Assim como a fé brota do evangelho, também pela fé nós invocamos o nome de Deus em oração.

Pela oração, portanto, devemos buscar as riquezas que nos foram reservadas pelo Pai celestial. Ao entrar no santuário celestial, somos incumbidos de apelar a Deus para que cumpra suas promessas.

João Calvino, *Institutas da religião cristã*, livro 3,
cap. 20, seções 1-2

Não sou digno, ó Senhor, de que entres sob o telhado de minha alma. Mas não repeliste a prostituta que se aproximou de ti em lágrimas, nem rejeitaste o cobrador de impostos que se arrependeu. Todos os que se aproximaram em arrependimento tu transferiste para o grupo de teus amigos. Ó tu, que és o unico para sempre bendito, recebe-me. Amém.
"Primeira oração de São João Crisóstomo", Livro de orações
da Igreja Ortodoxa Russa de São Vladimir

PARA REFLETIR: Sl 36.9; Mt 6.5-8; Lc 6.12; 18.10-14; **Rm** 8.26; 9.23-24; **10.14;** 12.9-12; Ef 3.14-21; Fp 4.6-8; Hb 5.7-9; 10.19-25

◇◇◇◇◇◇ **52** ◇◇◇◇◇◇

As marcas ou símbolos pelos quais a igreja pode ser reconhecida são a pregação sincera, e a escuta reverente da Palavra de Deus, e a administração dos sacramentos como instituídos por Cristo. Eles não podem existir em lugar algum sem frutificar e prosperar pela bênção de Deus. Em todos os lugares onde é pregada, recebida e tem morada fixa, a Palavra revela uniformemente sua eficácia. Ali o rosto da igreja aparece sem engano ou ambiguidade. Ninguém pode desprezar impunemente sua autoridade, rejeitar suas advertências, afrontar seus conselhos ou zombar de suas censuras. Muito menos pode um cristão abandonar a igreja ou prejudicar sua unidade. Eis o valor que o Senhor atribui à comunhão de sua igreja: qualquer um que se divorcie da comunidade ou irmandade cristã onde o ministério da Palavra e dos sacramentos é praticado deve ser encarado como desertor da fé cristã. Cristo tem em tão alta conta a autoridade da igreja que, sendo esta violada, ele considera que sua própria autoridade foi contestada e prejudicada. A igreja é chamada de "casa de Deus" e "coluna e alicerce da verdade". Para impedir a verdade de perecer no mundo, a igreja é sua fiel guardiã.

João Calvino, *Institutas da religião cristã*, livro 4, cap. 1, seção 10

Deus, concede que sejamos todos verdadeiros seguidores de Cristo, sem ter vergonha de sua vida santa, mas seguidores do Cordeiro aonde quer que ele vá, sendo levados, finalmente, para as fontes vivas das águas, onde o Senhor enxugará todas as lágrimas de nossos olhos! Amém.

Johann Arndt (1555–1621), *O verdadeiro cristianismo*, prefácio ao livro 2, § 3

PARA REFLETIR: 1Co 9.27; Ef 1.22-23; 4.1-7; 5.25-33; Cl 1.17-22; **1Tm 3.15**; 4.1-3; Hb 3.12; 6.4-8; 2Pe 2.1; Jd 1.4-6

Deus se agradou de preservar a pregação pura de sua Palavra por meio da igreja. Ele se apresenta a nós como um pai, nutrindo-nos com alimentos espirituais e fornecendo-nos tudo o que promova nossa salvação.

Além disso, não é pequeno o louvor conferido à igreja quando se diz que ela foi escolhida e separada por Cristo como sua esposa e seu corpo. O abandono da igreja é uma negação de Deus e Cristo. Nenhum crime é pior do que violar o sagrado matrimônio que o Filho unigênito de Deus se dignou contrair conosco.

Que as marcas da igreja — a pregação sincera da Palavra e a correta administração dos sacramentos — sejam cuidadosamente impressas em nossa mente, e que as avaliemos apropriadamente na visão do Senhor. Não há nada que Satanás esteja mais empenhado em eliminar ou corromper, ou ambos; ao fazê-lo, pretende destruir a verdadeira e genuína distinção da igreja. Ou ele encorajará as pessoas a tratar essas marcas com desprezo e, desse modo, fomentar a revolta contra a igreja.

João Calvino, Institutas da religião cristã, livro 4,
cap. 1, seções 10-11

Ó Deus de poder imutável e luz eterna, olha com favor para toda a tua igreja. Por tua providência eficaz, realiza o plano da salvação; que o mundo inteiro veja e saiba que as coisas que foram derrubadas são levantadas, que as coisas que envelheceram são renovadas, e que todas as coisas estão sendo levadas à sua perfeição mediante aquele por quem todas as coisas foram criadas, teu filho Jesus Cristo, nosso Senhor; que vive e reina contigo, na unidade do Espírito Santo, um só Deus, para todo o sempre. Amém.

Extraído de "A apresentação",
Ordenação de um diácono, LOC

PARA REFLETIR: At 20.28; Rm 12.3-5; 1Co 12.12-31; Gl 1.6-12; Ef 1.18-23; 2.19-22; Cl 3.14-16; 1Pe 2.9-10

TOMÁS CRANMER
(1489–1556)

Tomás Cranmer, arcebispo de Cantuária, é conhecido como o arquiteto da Reforma inglesa, do Livro de Oração Comum (LOC) anglicano e da liturgia protestante inglesa. Foi amplamente responsável por determinar o caráter teológico da Reforma na Inglaterra.

Cranmer nasceu em Nottinghamshire, filho de Tomás e Agnes Hatfield Cranmer. Aos 14 anos, foi enviado pela mãe, que enviuvara, à Faculdade de Jesus, em Cambridge, onde recebeu uma bolsa de estudos, que mais tarde perderia por ter se casado. Após a morte da esposa no parto, a bolsa de estudos foi restaurada. Em 1523, foi ordenado sacerdote e, logo depois, completou o doutorado em teologia. Permaneceu em Cambridge como professor assistente. Em 1529, irrompeu a "doença do suor", atingindo Cambridge de modo especialmente agudo. Cranmer refugiou-se em Essex, onde Henrique VIII (1491–1547) e dois conselheiros estavam residindo. Os conselheiros pediram a opinião de Cranmer sobre o divórcio de Henrique de sua primeira esposa, Catarina de Aragão. Cranmer forneceu razões para que se pedisse uma anulação do casamento e não um divórcio. Henrique respondeu que Cranmer "acertou o alvo". Cranmer foi transferido de Cambridge para o conselho do rei. Henrique VIII instruiu-o a escrever uma extensa defesa do "divórcio", fez dele capelão do rei e nomeou-o arquidiácono de Taunton. Quando terminou de escrever a defesa, Cranmer foi enviado a Oxford e Cambridge para defender Henrique. Em 1530, Cranmer e outros defenderam Henrique diante de Clemente VII em Roma. Mais tarde, foi para a Alemanha como diplomata. Enquanto morava lá, casou-se com Margaret, sobrinha do teólogo luterano Osiander. O interesse de Cranmer pela Reforma estava aumentando e cresceria ainda mais depois de 1534.

Em 1531, Henrique se declarou Chefe Supremo da Igreja da Inglaterra. No ano seguinte, o arcebispo Warham morreu. Henrique nomeou Cranmer como sucessor de Warham. Sua confirmação como arcebispo ocorreu em 1533. O Ato de Supremacia, que afirmava, sem restrições, a suprema liderança do monarca sobre a Igreja da Inglaterra, foi publicado em 1534. A paixão de Cranmer por reformar a igreja nos moldes protestantes se intensificou. Entretanto, para o desprazer dos radicais, ele era um reformista cauteloso. Antes da execução de Ana Bolena, em 1536, ela foi uma forte aliada evangélica de Cranmer. Cada vez mais, Cranmer dedicou suas energias a reformar a Igreja da Inglaterra. Acolhia de boa vontade os líderes protestantes do resto da Europa quando estes se encontravam em perigo. Promoveu a tradução, publicação e distribuição da Bíblia em língua inglesa. Em 1538, a Bíblia em inglês começou a ser colocada nas igrejas. A partir de 1549, Cranmer organizou duas revisões do Livro de Oração Comum. A segunda revisão foi lançada em 1552. Ele supervisionou a formulação de uma declaração doutrinária conhecida como os Quarenta e Dois Artigos. Cranmer também esboçou uma revisão do direito canônico.

Com a morte de Eduardo VI (r. 1547–1553, filho de Henrique VIII e Jane Seymour), Cranmer e John Dudley (duque de Northumberland, 1504-1553) tentaram, sem sucesso, impedir a sucessão de Maria, filha de Catarina de Aragão e leal ao catolicismo romano. Em julho de 1553, Maria I, conhecida como "Bloody Mary" [Maria Sangrenta], ascendeu ao trono como rainha da Inglaterra e da Irlanda (r. 1553–1558).

Maria restaurou rapidamente a autoridade do papado. Cranmer foi confinado em sua residência. Em setembro de 1553, foi preso temporariamente na Torre de Londres, e em novembro, condenado por traição. No dia 25 de novembro de 1555, foi excomungado e destituído do cargo de arcebispo. Por quatro vezes Cranmer abjurou o protestantismo. Em 21 de março de 1556, foi levado à Igreja de Santa Maria, em Oxford, onde deveria repetir as abjurações antes de ser executado. Para a surpresa de todos, Cranmer retirou as abjurações anteriores.

Foi rudemente carregado para o local onde os protestantes Nicholas Ridley e Hugh Latimer haviam morrido seis meses antes. Diante da fogueira, levou ao fogo a mão direita — aquela que assinara as abjurações. Tendo reafirmado a fé protestante, entregou-se às chamas.

Que ninguém diga: "Estou ocupado demais com minhas responsabilidades públicas para ler e estudar as Escrituras" ou "Estou ocupado demais sustentando minha família" ou "Seguir minha vocação simplesmente não me deixa tempo para a Bíblia". Que ninguém diga: "Sou uma pessoa do mundo; deixemos aqueles que se despediram do mundo, que vivem em contemplação — sacerdotes, monges e freiras — lerem e estudarem as Escrituras".

O contrário é que é a verdade, pois você tem ainda maior necessidade das Escrituras, de sua proteção. Você está no meio do oceano de maldade mundana. Está em plena batalha, na vanguarda. Enfrenta diretamente o inimigo, e será ferido com frequência. A prosperidade pode exaltá-lo, e a adversidade pode humilhá-lo.

Qualquer guerreiro ferido buscará a cura com empenho. Assim, você precisa ter defesas, remédios e tratamentos à disposição. Mas de onde obterá defesas e cura para seus ferimentos? Qual será sua armadura e fortaleza? Só nas Sagradas Escrituras você as encontrará. Leiamos com empenho e busquemos todos os remédios que existem lá. Eles são luz nas trevas, alimento para os famintos e calor contra o frio.

TOMÁS CRANMER, "PREFÁCIO À BÍBLIA", EM *AS OBRAS DE TOMÁS CRANMER*, VOL. 2, P. 118-20

Ó Espírito Santo, ajuda-nos e ensina-nos a ler e a escutar o que desejas nos ensinar nas Escrituras em um espírito de oração, para que sejamos diariamente transformados por ti. Na oração, deixemos que as Escrituras nos iluminem e nos renovem por completo. Que não busquemos cegamente a Deus, mas entendamos que ele já falou e que não há nada mais que precisemos saber que já não tenha sido revelado nas Escrituras. Amém.

ADAPTADO DE PAPA FRANCISCO, *EVANGELII GAUDIUM*, CAP. 3, § 153, 175

PARA REFLETIR: Dt 11.18-23; Js 1.8; Sl 119.12,105; Is 28.8-10; Mt 4.1-4; 13.1-58; At 17.11-12; 2Tm 3.14-17; 2Pe 1.3-4

◇◇◇◇◇◇ 55 ◇◇◇◇◇◇

Observem com que cuidado um ferreiro, um pedreiro, um carpinteiro ou qualquer outro artesão, independentemente das dificuldades financeiras que possa enfrentar, protegerá as ferramentas de seu trabalho. Sem elas, como poderia ganhar a vida? Essa deveria ser a nossa atitude em relação às Sagradas Escrituras, pois como macetes, martelos, serra, cinzéis e machados são as ferramentas indispensáveis do artesão, assim os livros dos profetas, as cartas dos apóstolos e todos os outros textos sagrados inspirados pelo Espírito Santo são instrumentos indispensáveis para a nossa salvação.

Qualquer que seja o custo, adquiramos as Sagradas Escrituras. Valorizemos a Palavra de Deus como a joia mais preciosa em nosso lar, mais valiosa que ouro ou prata. Assim como os ladrões se recusam a atacar uma casa em que os ocupantes estão bem armados, da mesma forma, quando as Escrituras ocupam lugar proeminente em nossa vida, nem o diabo nem seus anjos ousarão se aproximar.

Aqueles cuja vida se ocupa das Escrituras serão não apenas protegidos contra o inimigo e consolados, mas também terão a consciência aguçada, exortada ao arrependimento, determinada a evitar todo mal e preparada para o fruto da justiça.

Tomás Cranmer, "Prefácio à Bíblia", em As obras de Tomás Cranmer, vol. 2, p. 120

Ó Senhor, com quem está a fonte da vida, dá-nos, nós te rogamos, a graça e a boa vontade para seguir as orientações do Espírito Santo. Permita que o orvalho de tua graça desça e paire sobre nós, refrescando tudo o que está cansado, revigorando o que está prestes a perecer, até o dia em que todo o teu povo fiel beberá eternamente do rio de teus prazeres. Amém.

Christina Georgina Rossetti (1830–1894), Orações: antigas e modernas

---

PARA REFLETIR: Pv 2.1-22; 1Tm 1.5; 3.9; Hb 9.11-22; 1Pe 3.13-22; 2Pe 1.2-4

Alguém perguntará: "Por que devemos ler a Bíblia, se não entendemos o que lemos?". Ora, suponha que você não entende toda a profundidade do conteúdo das Escrituras. Não será o caso de que, a partir daquilo que entende, muitos frutos e santidade crescerão? Só porque não entende tudo, não significa que não entenderá nada.

O Espírito Santo organizou de tal forma as Escrituras que publicanos, pescadores e pastores podem encontrar instrução, ao mesmo tempo que os instruídos ganham erudição. Os livros da Bíblia não foram escritos para ostentar esplendor e estilo, como alguns dos livros dos filósofos e retóricos. Os profetas e apóstolos escreveram seus livros para que sua mensagem pudesse ser entendida por qualquer leitor ou ouvinte. Seu propósito era promover obediência a Deus e cultivar piedade em todos os leitores e ouvintes. Independentemente da posição que ocupa na vida, quem não tiraria proveito ao ouvir: "Felizes os misericordiosos, e felizes os que têm coração puro"? Será necessário que haja um literato presente para lhes ensinar? De igual modo, quem seria tão tolo a ponto de não aprender com os sinais, milagres e relatos dos feitos de Cristo e dos apóstolos? Não permita que suas objeções se tornem um disfarce para a preguiça. Tome a Bíblia em suas mãos e leia toda a história.

TOMÁS CRANMER, "PREFÁCIO À BÍBLIA", EM *AS OBRAS DE TOMÁS CRANMER*, VOL. 2, P. 120

Ó Senhor, visto que não conseguimos, com nossa sabedoria, entender as coisas que pertencem ao Espírito Santo, abre nosso entendimento para que compreendamos o significado de tua Santa Palavra. Amém.
CHRISTIAN CHARLES J. BUNSEN (1791–1860), *ORAÇÕES DA COLEÇÃO DO FINADO BARÃO BUNSEN*

PARA REFLETIR: Is 55.11; **Mt 5.3-16**; Mc 9.33-37; Lc 14.11; 1Co 12.5-12; Tg 1.23-25; 4.6

Ler a Palavra de Deus nos fornece um grande e forte baluarte contra o pecado; a ignorância das Escrituras leva à ruína daqueles que a ignoram. Lembre-se do alto oficial de Candace, rainha dos etíopes, andando em sua carruagem e lendo as Escrituras. Deus viu-lhe a mente receptiva e enviou um professor. Portanto, que ninguém descuide da própria saúde espiritual e salvação deixando de ler a Palavra de Deus, mesmo se não contar com um Filipe pronto a ajudar. O Espírito Santo, que incentivou Filipe, estará pronto a ajudar você também.

Se alguém precisa ser punido ou corrigido, se exortação ou consolação são necessárias, ele a receberá das Sagradas Escrituras. Nas Escrituras descobriremos prados floridos para a alma; não há nada de venenoso nela, apenas nutrição pura e deliciosa. Aquele que é ignorante encontrará lá o que deve aprender; o que é perverso achará boas razões para se arrepender; o que trabalha para servir a Deus encontrará promessas de vida eterna e exortação ao empenho. Nela, todo tipo de pessoa — homens e mulheres, jovens e velhos, instruídos e não instruídos, ricos e pobres, leigos e sacerdotes, proprietários e arrendatários — aprendem tudo em que devem crer, tudo o que devem fazer e não fazer, em relação ao Deus todo-poderoso, a eles próprios e aos outros.

Tomás Cranmer, "Prefácio à Bíblia", em *As obras de Tomás Cranmer*, vol. 2, p. 121

Ó Deus, nós conhecemos o amor que tens por nós e cremos nele. Que, habitando no amor, habitemos em ti, e tu habites em nós. Que aprendamos a amar a ti, a quem não vemos, amando nosso próximo, a quem vemos. Ensina-nos, ó Pai celestial, o amor com o qual nos tens amado. Amém.

Henry Alford (1810–1871), *Orações: antigas e modernas*

PARA REFLETIR: Js 1.8; Sl 1.1-3; 12.6; 40.7-8; 56.4; **At 8.26-40;** Rm 15.4; Ef 6.10-20; Cl 3.12-17; 1Pe 2.2-3

◇◇◇◇◇◇ **58** ◇◇◇◇◇◇

(Cristo, nossa reconciliação.)

Nossa reconciliação com Deus é gratuita, mas não é gratuita. Nós a obtemos sem custos, mas ela não é obtida sem custos. Como isso pode ser? A resposta está no mistério de nossa redenção, a reconciliação entre a justiça e a misericórdia de Deus. Deus não poderia ter simplesmente desprezado ou desconsiderado nossos pecados sem violar sua justiça. Carregando a culpa de sermos escravos do pecado, não poderíamos ter satisfeito a justiça virtuosa. Em Cristo, porém, o próprio Deus providenciou reconciliação ao unir com perfeição sua infinita misericórdia e sua reta justiça. Em Cristo, a grande misericórdia de Deus foi plenamente expressa, ao mesmo tempo que satisfazia as exigências de sua própria justiça. A integridade do caráter de Deus foi mantida. Por meio dos preciosíssimos corpo e sangue do Filho amado, o Pai nos livrou de nossa anterior escravidão sem impor um resgate que jamais conseguiríamos pagar.

Além do resgate, Cristo cumpriu gratuita e perfeitamente as justas exigências da lei do amor e da obediência. Fazendo isso em nosso favor, Cristo possibilitou ao Pai demonstrar sua misericórdia ilimitada sem violar sua justiça. Em Cristo, a misericórdia e a justiça de Deus nos abraçaram e realizaram o mistério de nossa salvação.

Tomás Cranmer, "Homilia da salvação", em *As obras de Tomás Cranmer*, vol. 2, p. 129

Senhor Jesus, nós encontramos a ti, o Redentor. Oramos para que reavives constantemente em nós a alegria do evangelho. Que ela nos encha o coração e a vida inteira como pessoas livres do pecado, da tristeza, do vazio interior e da solidão. Amém.

Adaptado de Papa Francisco, *Evangelii Gaudium*, § 1

PARA REFLETIR: At 2.29-36; **Rm 3.9-26; 8.1-4; 10.1-5;** Gl 2.15-21; 4.1-7; Ef 1.1-12,17-22; 2.4-10; Hb 1.1-4; 5.1-10; 9.24-28; 1Pe 1.1-18

59

"Porque aquilo que a lei não podia fazer, por causa da fraqueza da carne, isso Deus fez, enviando o seu próprio Filho em semelhança da carne pecaminosa. E assim Deus condenou o pecado na carne, a fim de que a exigência da lei se cumprisse em nós, que não vivemos segundo a carne, mas segundo o Espírito" [NAA]. O apóstolo Paulo ensina que três coisas devem concorrer para nossa justificação. Da parte do Pai, sua grande misericórdia e graça devem ser plenamente expressas. Da parte do Filho, ele deve satisfazer a santa exigência do Pai de que se faça justiça contra o ataque do pecado a Deus e sua lei virtuosa. De outro modo, a misericórdia vem em prejuízo do próprio ser de Deus. O Filho de Deus sem pecado realizou isso oferecendo seu corpo e derramando seu sangue na cruz. Ele satisfez plenamente a justa exigência da lei ao tomar sobre si nosso pecado, algo que a humanidade pecadora não poderia fazer. De nossa parte, devemos exercer uma confiança verdadeira e vigorosa na obra benemérita do Filho de Deus. Mas essa fé não é uma realização nossa; a fé é uma dádiva de Deus, de modo que nossa justificação não somente é a misericórdia e a graça de Deus expressas, mas também a sua ação voluntária para justificar, para reconciliar consigo os pecadores. Essa fé dada por Deus inclui arrependimento, esperança e amor, tudo pela obra expiadora de Cristo.

Tomás Cranmer, "Homilia da salvação", em *As obras de Tomás Cranmer*, vol. 2, p. 129-130

Pai celestial, nós te agradecemos por teres nos enviado teu Filho. Ele nos resgatou e nos concedeu justiça, salvação e bem-aventurança. Oramos para que nos fortaleças na verdadeira fé, para que aceitemos e louvemos nosso Redentor em tudo o que fazemos. Amém.

Christian Charles J. Bunsen (1791–1860), *Orações da coleção do finado Barão Bunsen*

PARA REFLETIR: Jo 1.14-18; **Rm** 5.1-14; 6.1-14; **8.1-4;** Cl 1.1-14; 1Tm 2.5-6; Hb 1.1-4; 5.1-10; 7.26-28; 9.11-22; 1Jo 1.5-10; 5.6-12

60

O que pode ser ensinado mais claramente que a lição de que gratuitamente, sem obras meritórias de nossa parte, apenas pela graça e pela fé, obtemos a remissão de nossos pecados? Mas "apenas pela fé" e "sem obras" não devem ser entendidos como significando que a fé é sozinha, sem verdadeiro arrependimento, esperança, amor e temor piedoso. Também não significa que devemos ser ociosos, que nada é exigido de nós, pois em Cristo e por meio dele somos chamados a cumprir a lei. Na verdade, "apenas pela fé" implica extinguir todas as reivindicações de mérito advindo de nossas obras, pois elas são absolutamente insuficientes para garantir nossa salvação. "Apenas pela fé" expressa de modo muito claro a fraqueza humana e a bondade divina, nossa grande debilidade e o imenso poder de Deus, as imperfeições de nossas próprias obras e a pleníssima graça de nosso Salvador. Significa atribuir todo o mérito somente a Cristo, a seu mais valioso sacrifício. Essa é a sólida rocha e alicerce da fé cristã. É a doutrina dos apóstolos e dos pais da igreja. Ela promove a verdadeira glória de Deus e refreia o orgulho do ser humano.

Quem quer que rejeite essa doutrina não deve ser chamado de verdadeiro cristão, nem considerado alguém que se glorifica adequadamente no Filho de Deus.

Tomás Cranmer, "Homilia da salvação", em *As obras de Tomás Cranmer*, vol. 2, p. 130-131

Deus Todo-poderoso, concede que, tendo os olhos de nosso entendimento limpos de modo a contemplar as coisas invisíveis e eternas, sejamos inspirados por tua sabedoria e em todas as nossas obras sejamos sustentados por tua força e, ao final, sejamos recebidos como teus fiéis servos, tendo feito tudo para tua glória, em nome do Pai, do Filho e do Espírito Santo. Amém.

Rowland Williams (1817–1870),
Orações: antigas e modernas

PARA REFLETIR: Jo 1.17-18; 3.16-21; 4.7-15; 5.19-24; 6.35-40; 7.37-39; Rm 3.21-24; 5.1-21; 2Co 8.7; Ef 4.4-8; Tt 2.11-15; Hb 2.9; 2Pe 3.11-18

◇◇◇◇◇◇ **61** ◇◇◇◇◇◇

(Resumo de Cranmer do evangelho e da vida cristã, parte 1.)

Considere os infinitos benefícios que Deus, em sua misericórdia, nos manifestou sem que os merecêssemos. Ele nos criou a partir do nada e de sua infinita bondade. Do barro comum ele nos formou à sua própria imagem. Além disso, mesmo quando estávamos condenados à punição eterna por causa de nossos pecados, ele deu seu Filho unigênito, sendo Deus Eterno, imortal e igual ao Pai em poder e glória, para se encarnar entre nós, para tomar sobre si nossas fraquezas. Sendo plenamente humano como nós, Cristo sofreu voluntariamente a mais vergonhosa e dolorosa morte por nossos pecados. Fez tudo isso para nos redimir e nos devolver à vida eterna. Ele nos transformou em filhos amados, irmãos de seu único Filho, nosso Salvador, e herdeiros de seu reino eterno. Esses grandes e misericordiosos benefícios não nos incitam a ser ociosos; ao contrário, levam-nos a nos oferecer a Deus por completo, a servi-lo com boas obras, obedecendo a seus mandamentos e buscando glorificá-lo em todas as coisas. Os benefícios de Deus nos levam a nos oferecer, em nome dele, a nosso próximo e, na medida de nossa capacidade, fazer o bem a todas as pessoas.

Tomás Cranmer, "Homilia da salvação", em *As obras de Tomás Cranmer*, vol. 2, p. 134

Ó Deus, tu que nos redimistes e nos adotastes, olha com favor para teus filhos e filhas amados, para que os que creem em Cristo recebam verdadeira liberdade e herança eterna. Por nosso Senhor Jesus Cristo, teu Filho. Amém.

"Vigésimo terceiro domingo do tempo comum", Coleta, *Missal romano*

PARA REFLETIR: Gn 1.26-31; 2.5-9; Sl 136.1-9; 146.1-9; 147.5-11; Mt 5.14-20; 18.1-22; Jo 15.1-20; Rm 12.1-21; 1Co 15.1-11; 2Pe 1.3-18; 1Jo 3.1-4

◇◇◇◇◇◇ **62** ◇◇◇◇◇◇

(Resumo de Cranmer do evangelho e da vida cristã, parte 2.)

Estes são os frutos da verdadeira fé: fazer o bem a todos e, acima de tudo e em tudo, promover a glória de Deus, o único de quem recebemos santificação, justificação, salvação e redenção. A ele a glória, o louvor e a honra, para todo o sempre. Amém.

A correta e verdadeira fé cristã não é só acreditar nas Sagradas Escrituras e nos artigos da fé cristã, mas também ter confiança nas promessas de Deus, para ser salvo da eterna danação por Cristo. Esse é o caminho de um coração amoroso que anseia obedecer aos mandamentos de Deus. Nenhum demônio possui a verdadeira fé cristã. Nem qualquer um que pareça ser cristão no que declara exteriormente e ao receber os sacramentos, mas que, na vida e nas obras, demonstra o contrário. Ninguém pode ter fé e confiança absolutas em Deus e participar do reino dos céus se leva uma vida profana, negando a Cristo por suas ações. Os que vivem a verdadeira fé cristã sabem que a maldade não herdará o reino de Deus, e os que têm feito boas obras por meio da fé ressuscitarão para a vida eterna. Amém.

Tomás Cranmer, "Homilia da salvação", em As obras de Tomás Cranmer, vol. 2, p. 133-134

Tu és Digno, ó Senhor, de receber glória, honra e poder, pois criaste todas as coisas, e para tua satisfação elas são e foram criadas. Toda glória para o único Deus, Pai, Filho e Espírito Santo. Amém.

Jeremy Taylor (1613–1667), "Primeiras orações matinais", em Vida santa, cap. 1, Orações e devoções

---

PARA REFLETIR: Dt 27.1-8; 1Sm 15.22; Am 5.18-27; Mt 7.13-27; Lc 6.39-49; 1Tm 6.3-21; 2Tm 3.5-15; 2Pe 2.1-10; 3.11-15

◇◇◇◇◇ **63** ◇◇◇◇◇

(Dois tipos de fé.)

As Escrituras apresentam dois tipos de fé: a *fé morta* e a *fé viva*. A *fé morta* não mostra nenhuma vida, nem produz vida; não produz nenhuma obra feita pela fé. É ociosa e estéril. O apóstolo Tiago compara a fé morta com a fé dos demônios: eles acreditam que Deus é verdadeiro e justo, e tremem de medo. Apesar disso, o mal é a única coisa que eles fazem bem. Esse é também o tipo de fé de alguns cristãos. Aceitam a Deus com as palavras, mas o negam com as ações. Quando se trata de fé que age por meio do amor, eles são abomináveis, mesmo que concordem de boa vontade com as verdades contidas na Palavra de Deus. Uma pessoa pode ler e acreditar nos escritos de César sem *acreditar* em César, pois não recorre a César em busca de ajuda ou benefício. Assim também, alguém infectado pela *fé morta* acredita que a Bíblia é verdadeira, mas vive de forma tão ímpia que não consegue desfrutar as promessas e benefícios de Deus. Essa pessoa não possui uma fé e confiança em Deus que a leve a deixar tudo de lado e buscar apenas as dádivas da graça, misericórdia e vida eterna concedidas por Deus. Assim, uma fé morta não é uma fé que salva. Não é uma fé de verdade tanto quanto um cadáver não é uma pessoa de verdade.

Tomás Cranmer, "Uma breve declaração da fé verdadeira, viva e cristã", em *As obras de Tomás Cranmer*, vol. 2, p. 135

Senhor, que teu sopro sagrado mantenha sempre vivo em nós aquele fogo santo que teu Filho outrora veio acender sobre a terra, para que nós também sejamos ungidos com o espírito de paz, santidade e obediência, e que nos seja permitido residir em tua companhia para sempre. Amém.

Rowland Williams (1817–1870),
Orações: antigas e modernas

PARA REFLETIR: Sl 101.1-4; Pv 26.23-26; Mt 7.1-5; 15.7-9; Ef 5.6-21; Tt 1.10-16; **Tg** 1.19-27; **2.14-19**; Ap 3.1-6

◇◇◇◇◇◇ **64** ◇◇◇◇◇◇

(O segundo tipo de fé)

O segundo tipo de fé apresentado nas Escrituras é a *fé viva*, a fé que age por meio do amor. É totalmente diferente da fé morta, ociosa e infrutífera. A fé viva se caracteriza não apenas pelo assentimento à doutrina, mas por uma confiança absoluta na graça de Deus. Ela prospera como uma firme esperança de que todas as coisas boas virão da mão de Deus. Embora essa fé possa às vezes tropeçar e ceder à tentação, ela voltará resolutamente a Deus em verdadeiro arrependimento. Ele perdoará e esquecerá nossas transgressões em nome de seu Filho unigênito, nosso Salvador Jesus Cristo. Por meio dessa fé viva nós herdaremos um dia com Cristo o reino eterno. Enquanto isso, até que o reino de Deus se manifeste, Deus será nosso Protetor em todos os perigos e ameaças, nosso Pai sempre amoroso, corrigindo nossos erros, mas nunca negando sua misericórdia. Essa fé viva se caracteriza pela confiança em Deus e pela disposição a obedecer e servir a ele. É cheia de amor por Deus, de esperança e confiança, e de amor ao próximo. Anseia escutar a Palavra de Deus e obedecer a ela, sendo fértil em boas obras. Essa é a fé cristã verdadeira e viva.

Tomás Cranmer, "Uma breve declaração da fé verdadeira, viva e cristã", em *As obras de Tomás Cranmer*, vol. 2, p. 135-36

Ó Senhor, dá-me um coração contrito e obediente. Altíssima, eterna e inesgotável Sabedoria, afasta de mim as trevas da cegueira e ignorância; altíssima e eterna Força, sê meu Libertador; altíssima e infinita Misericórdia, preserva-me constante por tua graça. Amém.

Sacramentário galicano (800 d.C.), *Orações: antigas e modernas*

PARA REFLETIR: Mt 24.44-47; 25.31-40; Lc 8.40-48; Rm 1.8-15; 16.25-27; **Gl 5.1-6,13-26;** Hb 11.1-40; 12.1-6; Tg 2.8-26

Bons cristãos, que professam o nome de Cristo, não deixem que nenhuma fantasia sobre o significado da verdadeira fé cristã os iluda. Não sejam como os sonhadores que acham que uma fé nua, vazia de vida piedosa, é suficiente. Para eles a fé não precisa ser coberta com os frutos da justiça, do amor crescente a Deus e da caridade para com o próximo. Eles não consideram necessário que a fé cotidiana cresça e seja sustentada com empenho como fé agindo por meio do amor. Seus pensamentos ainda estão fixos nos vãos prazeres deste mundo.

Tenham certeza da sua fé; testem-na por meio da sua conduta. Examinem o fruto que ela produz. Percebam como ela aumenta o amor por Deus e pelo próximo. Assim saberão que se trata de uma fé verdadeira, viva. Se perceberem que tal fé vive em vocês, regozijem-se e empenhem-se em cultivá-la. Assim a sua fé deve agradar a Deus. Finalmente, como outros cristãos de fé fizeram antes de vocês, quando Deus desejar, vocês chegarão diante dele para receber "o alvo de sua fé", ou seja, "a salvação de sua alma". Que Deus nos conceda o que prometeu àqueles que são fiéis. A ele sejam a honra e a glória, para todo o sempre. Amém.

Tomás Cranmer, "Uma breve declaração da fé verdadeira, viva e cristã", em *As obras de Tomás Cranmer*, vol. 2, p. 140-141

Deus todo-poderoso e eterno, que acendes a chama de teu amor no coração dos santos, concede-nos a mesma fé e poder do amor, para que, enquanto nos regozijamos com os triunfos deles, desfrutemos seus exemplos, por meio de Jesus Cristo, nosso Senhor. Amém.

Missal gótico, *Orações: antigas e modernas*

PARA REFLETIR: Jr 22.13-17; Mt 7.13-21; Lc 8.1-15; Jo 15.1-16; 1Co 2.1-8; 13.1-13; Gl 5.2-6; Fp 1.9-11; 1Ts 5.23-24; **1Pe 1.3-9**

◇◇◇◇◇◇ **66** ◇◇◇◇◇◇

(A mensagem de que as boas obras se seguem à fé em Cristo para a salvação era central para a teologia dos reformadores. As obras manifestam a fé em ação por meio do amor e testemunham de Deus, que justifica gratuitamente os pecadores.)

Uma fé cristã viva e verdadeira levará o cristão a ocupar-se em produzir boas obras à medida que surgirem oportunidades. Mas sem aquela verdadeira fé salvadora concedida por Deus, nenhuma boa obra que agrade a Deus será feita. Só a confiança em Cristo Redentor dá vida à alma. Como a pintura é uma representação sem vida daquilo que procura retratar, assim são as obras de pessoas que não depositaram a confiança em Cristo. Muitas ações louváveis são executadas fora da fé em Cristo. Parecem estar vivas, mas, na verdade, estão mortas diante de Deus, porque não foram feitas na fé. Não sendo feitas em resposta à fé justificadora, estão também dissociadas da vida eterna que advém apenas da fé em Jesus Cristo. Essas ações louváveis são apenas sombras das coisas boas e vivas. Apenas a verdadeira fé justificadora dá vida às obras. A partir da fé, boas obras brotarão. Mas sem fé nenhuma obra é "boa" diante de Deus. "Obras vivas" devem vir da graça justificadora.

Tomás Cranmer, "Homilia ou sermão das boas obras aliadas à fé", em *As obras de Tomás Cranmer*, vol. 2, p. 141

Ó tu, que és amor, ensina-nos a te seguir como filhos queridos. Que nunca fechemos o coração diante do sofrimento de ninguém, inclusive daqueles que são ingratos e maus. Faz-nos instrumentos de tua misericórdia, para confortar os infelizes, erguer os penitentes, procurar e salvar os perdidos, até que todos se reconheçam como teus filhos, estejam em paz e sejam um contigo na redenção. Amém.

James Martineau (1805–1900), *Orações: antigas e modernas*

PARA REFLETIR: Jo 6.25-40; **Rm 14.1-23;** Ef 2.1-10; Cl 3.12-17; **Hb 11.1-40;** Tg 2.14-26; 1Jo 1.5-10; 2.7-17; Jd 1.3-23; Ap 3.14-22; 12.10-12

Jesus chamou a fé de obra primordial de Deus, pois quando os judeus lhe perguntaram o que deveriam fazer para realizar as obras de Deus, ele respondeu: "Creiam naquele que ele enviou". Então a fé é a primeira boa obra. Entretanto, assim que uma pessoa expressa a fé dada por Deus, deve começar a frutificar em boas obras, pois a fé em si é cheia de boas obras, e nada é bom sem fé. Sem obras, a fé é nua. Mas mesmo quando as obras frutificam, a fé se situa acima das obras.

Até mesmo na igreja, diversos tipos de obras podem, erroneamente, ser colocadas acima da fé, de modo que uma pletora de obras se torna a essência da justiça e da santidade e, assim, assume a primazia sobre a verdadeira fé cristã. A observância de tais coisas — festas, tradições, cerimônias, invenções, decretos e o cumprimento do direito eclesiástico — pode vir a ser encarado como serviço e homenagem mais perfeitos a Deus e mais agradáveis a ele do que guardar seus mandamentos pela fé. Quando isso acontece, os erros, a religião vã e até mesmo a idolatria aumentam.

O zelo pela honra justa a Deus nunca deve se afastar da confiança radical no Deus que justifica pela graça somente pela fé.

Tomás Cranmer, "Homilia ou sermão das boas obras aliadas à fé", em *As obras de Tomás Cranmer*, vol. 2, p. 143, 148-149

Ó Senhor, tua sabedoria é infinita, tuas misericórdias são gloriosas, e eu não sou digno de aparecer em tua presença, diante de quem os anjos escondem o rosto. Ó santo e eterno Jesus, tu nos redimiste para Deus com teu sangue e nos tornaste reis e sacerdotes para Deus. Bênção, honra, glória e poder àquele que está sentado no trono e ao Cordeiro, para todo o sempre. Amém.

Jeremy Taylor (1613-1667), "Primeiras orações matinais", em *Vida santa*, cap. 1, Orações e devoções

---

PARA REFLETIR: Jr 2.1-3,8-13; 23.1-22; Os 10.12; Mc 7.1-15; **Jo 6.25-40;** At 5.27-42; Rm 14.13-23; 1Co 2.1-5; Hb 10.1-4,11-18

◇◇◇◇◇◇◇ **68** ◇◇◇◇◇◇◇

(Conselho de Cranmer para o discipulado cristão.)

Considerando que vocês, bons cristãos, zelam por honrar a Deus de modo adequado e preocupam-se com o bem-estar de sua alma e a vida que se seguirá, dediquem-se, acima de tudo o mais, a ler e receber a Palavra de Deus. Empenhem-se em perceber o que encontram nela a respeito da vontade de Deus, e dediquem-se a buscar o que ali está assinalado. Primeiro, assegurem-se de ter fé em Deus e de entregar-se completamente a ele, nos tempos de adversidade e prosperidade. Segundo, em nome de Deus, amem a todas as pessoas — amigos e inimigos —, porque elas são criação e imagem de Deus. Planejem em sua mente como farão o bem a todos. Sirvam bem àqueles pelos quais são responsáveis, quer estejam presentes, quer ausentes, não por medo de punição, mas para o bem da consciência. Os mandamentos de Deus os obrigam a isso. Honrem pai e mãe. Honrem e façam o melhor para ajudar a todas as pessoas. Sim, inclusive os inimigos. Contentem-se com o que obtêm honestamente. Distribuam seus bens em caridade, na medida da necessidade e oportunidade. Fujam da idolatria e do perjúrio. Trilhem com cuidado o caminho do céu traçado por Deus. Cristo prometeu que vocês não deixarão de obter a vida eterna.

Tomás Cranmer, "Homilia ou sermão das boas obras aliadas à fé", em *As obras de Tomás Cranmer*, vol. 2, p. 148-149

Abençoa-me, Deus piedoso, quando cumpro o dever que atribuíste a mim. Alivia-me da tristeza se preciso fazer meu leito na doença. Dá-me paciência em meus sofrimentos, confiança em ti e graça para invocar-te em todas as tentações. Guia-me em todas as minhas ações; sê meu protetor em todos os perigos. Dá-me uma compreensão clara e um espírito santificado, justo, satisfeito, caridoso e humilde. Amém.

Jeremy Taylor (1613–1667), "Primeiras orações matinais", em *Vida santa*, cap. 1, Orações e devoções

---

PARA REFLETIR: Sl 119.11; Mt 5.21-26,38-48; Lc 24.13-27; 2Tm 2.15; 2Pe 1.3-11; 3.11-13; 1Jo 4.16b-21; 3Jo 1.11

MENNO SIMONS
(1496–1561)

Um dos mais trágicos e também mais complexos capítulos na Reforma protestante envolve os anabatistas e sua perseguição. Eles faziam parte do que os historiadores chamam de Reforma Radical e a Quarta Reforma (alemã, suíça e inglesa). Os anabatistas surgiram no início do século 16. Três principais questões estão no âmago do conflito entre anabatistas e seus oponentes: batismo, pacifismo e rejeição da igreja oficial de estado, ou uniformidade forçada. O líder anabatista na Holanda foi Menno Simons.

Os anabatistas são originários da Suíça, onde inicialmente foram combatidos pelo reformador suíço Ulrico Zuínglio (1484–1531). O movimento se espalhou pela Alemanha, Holanda, norte da Itália, Morávia, Prússia, Polônia e, finalmente, para a América do Norte. Os anabatistas receberam seu nome dos oponentes, que os chamavam de "rebatizadores". Na opinião dos anabatistas, Zuínglio e Lutero haviam deixado a Reforma incompleta, abdicando de seguir fielmente o Novo Testamento em pontos importantes, sendo o batismo de bebês o mais crítico. Eles acreditavam que o Novo Testamento ensina que o batismo cristão deve vir depois, e não antes, do renascimento espiritual, ou regeneração pelo Espírito Santo. Isso se chama "batismo do crente". O batismo, insistiam os anabatistas, é um sacramento legítimo apenas como sinal e selo que se segue à conversão. Consideravam que as pessoas "batizadas" enquanto bebês nunca haviam sido realmente batizadas. Sua crença depreciava o batismo de todos os que haviam sido batizados quando bebês. Luteranos, calvinistas, seguidores de Zuínglio e católicos romanos se uniram em feroz oposição contra os anabatistas.

Com poucas exceções, os anabatistas também acreditavam que o Novo Testamento ensina o pacifismo. Nenhum cristão deveria se envolver em violência ou conflito armado. Na visão deles, o Sermão do Monte não deixa dúvidas. Os anabatistas rejeitavam também a uniformidade religiosa forçada. Achavam que uma única igreja oficial solapa o evangelho. A igreja, acreditavam, devia ser composta de associações cristãs voluntárias e separadas do estado. Por outro lado, os príncipes protestantes e católicos procuravam defender seus reinos contra invasões católicas ou protestantes. Ter parte da população recusando-se a defender a fé uniforme e o território físico equivalia a apostasia, traição e hostilidade contra a tranquilidade social. A proteção da "verdadeira" fé cristã, da vida humana e da integridade geopolítica estava em risco. Católicos e protestantes mostravam que a história e a doutrina da igreja se opunham aos anabatistas. Mas isso nada significava para os anabatistas, que acreditavam que a verdadeira reforma exigia uma restauração rigorosa do cristianismo do Novo Testamento.

O registro da perseguição é desconcertante. Muitos anabatistas foram presos ou mortos por espada, afogamento, enforcamento, decapitação e às vezes queimados na estaca. Em 1526, o governo de Zurique ordenou que os anabatistas fossem afogados — uma grotesca zombaria de sua fé. Em 1531, um chefe de polícia imperial reuniu dezoito adultos anabatistas, ateou fogo na casa e os "cozinhou".

Hábeis líderes surgiram, e muitos deles foram mortos. Entre os líderes anabatistas encontram-se Conrad Grebel (c. 1498–1526), em cuja casa aconteceu o primeiro rebatismo, em janeiro de 1525, Felix Manz (c. 1498–1527), George Blaurock (c. 1491–1529) e Balthasar Hubmaier (c. 1480–1528).

Menno Simons foi um competente líder anabatista na Holanda. Antigo sacerdote católico romano, Simons juntou-se aos anabatistas em 1536. Acredita-se que foi ele quem reorganizou os anabatistas após um período de fragmentação. O princípio norteador de toda a sua obra era 1Coríntios 3.11. Tão providencial foi a sábia liderança de Simons que já em 1554 o nome "menonitas" estava sendo usado para descrever os anabatistas holandeses.

O batismo interior pelo Espírito Santo nos redime; por esse batismo, a pessoa interior é purificada. O ato exterior do batismo não produz esse efeito. O batismo externo se segue como prova de fé obediente. Se o batismo externo pudesse nos salvar sem a purificação interior, todas as Escrituras que falam da salvação como uma nova criação seriam inúteis, e o reino dos céus se reduziria a simples água. Além disso, o sangue de Cristo teria sido derramado em vão. Nosso sinal de graça é somente Cristo Jesus, por meio do qual o vasto amor de Deus é gratuitamente distribuído e declarado a nós.

O batismo exterior não traz nenhum benefício enquanto não somos batizados e regenerados com o fogo celestial do Espírito Santo. Quando recebemos esse batismo do alto, somos convencidos pelo testemunho do Espírito Santo. Devemos crer sinceramente nos méritos de nosso Senhor e crer no poder e nos benefícios de sua ressurreição.

Purificados internamente pelo Espírito, recebemos forças para estabelecer uma aliança com o Senhor pelo sinal externo do batismo, assim como ele estabeleceu uma aliança conosco pela graça de que não viveremos mais segundo a carne, mas andaremos diante dele segundo o testemunho da boa consciência.

Menno Simons, "Sobre o batismo", em *Fundamento e instrução clara da doutrina salvadora de nosso Senhor Jesus Cristo (Obras de Menno Simons)*

Deus todo-poderoso e santo, tiveste misericórdia de mim. Teu Filho se entregou por mim. É por isso que invoco tua misericórdia. Ele provou a morte, que é o salário do pecado. É por isso que não preciso me desesperar. Amém.

Adaptado de "Diante de Deus", oração do padre Karl Rahner, SJ (1904–1984), Feast of All Saints

---

PARA REFLETIR: Mt 28.16-20; Jo 3.1-10; **Rm 6.1-4,23;** 12.2; 1Co 12.12-13; 2Co 5.16-21; Gl 3.27; Cl 2.11-15; Tt 3.3-7; **1Pe 3.21**

◇◇◇◇◇◇ **70** ◇◇◇◇◇◇

Quando nos sentamos à mesa do Senhor para compartilhar de seu pão e beber de seu cálice, precisamos lembrar com fervor e expressar não apenas sua morte, mas também os gloriosos frutos do amor divino manifestados a nós em Cristo. Conforme a promessa das Escrituras, Cristo se encarnou neste mundo como um homem de verdade, nascido da Virgem Maria. Ele era o Cordeiro de Deus imaculado; não conheceu pecado, nem enganou ninguém. Com muita aflição e esforço, pregou a misericordiosa e salvadora palavra de Deus. Procurou todas as ovelhas perdidas e levou-as ao verdadeiro Pastor. Por meio de sua morte dolorosa e de seu sangue precioso, Cristo nos reconciliou com o Pai.

Ah, o maravilhoso, insondável e incompreensível amor de Deus! O Pai não enviou um anjo, um patriarca ou um profeta para este mundo hostil, mas sua eterna e *Poderosa Palavra*, sua *Eterna Sabedoria*, o Brilho de sua glória, na forma de carne pecadora. O Pai "tornou pecado por nós aquele que não tinha pecado, para que nele nos tornássemos justiça de Deus" [NVI].

Aqueles que creem sinceramente nesse glorioso amor de Deus, nessa grande, prolífica bênção de graça em Cristo Jesus, são cada vez mais renovados pela fé; seu coração transborda de alegria e paz.

MENNO SIMONS, "A SANTA CEIA DO SENHOR", EM FUNDAMENTO E
INSTRUÇÃO CLARA DA DOUTRINA SALVADORA DE NOSSO SENHOR JESUS CRISTO
(OBRAS DE MENNO SIMONS)

Deus todo-poderoso e misericordioso, recebe nossas ações de graça, sobretudo pela alegria que vem do perdão dos pecados, da fraqueza fortalecida, da vitória prometida e da esperança na vida eterna. Amém.

GEORGE DAWSON (1821–1876),
ORAÇÕES: ANTIGAS E MODERNAS

PARA REFLETIR: Sl 26.1-3; 103.1-18; Os 11.1-4; Lc 15.11-24; Jo 1.10-13; 3.16; 6.52-65; 17.1-5; **Rm 8.3**,37-39; **2Co 5.21**; 1Jo 4.9-12

A Ceia do Senhor deveria nos alertar para a busca da unidade, do amor e da paz cristãos. Assim como o pão é feito de muitos grãos, triturados pelo moinho, misturados com a água e assados no forno pelo fogo, também a igreja de Deus é feita de muitos crentes que tiveram o coração triturado pelo martelo da Palavra divina e foram batizados com a água do Espírito Santo e o fogo do puro amor. E assim como os membros do corpo humano estão em harmonia e paz, cada membro desempenhando sua função para promover o bem do todo, também os membros verdadeiros e vivos do corpo de Cristo deveriam estar em harmonia uns com os outros. E no corpo humano os membros mais ilustres, tais como o olho, não desprezam os membros menos ilustres, nem os membros menos ilustres invejam os mais proeminentes.

Assim dispostos, os membros do corpo de Cristo não se comportarão como as pessoas ambiciosas, cobiçosas e orgulhosas que existem no mundo, mas serão longânimes, pacíficos e sempre prontos, no verdadeiro amor cristão, a servir uns aos outros em atos e palavras.

MENNO SIMONS, "A SANTA CEIA DO SENHOR", EM *FUNDAMENTO E INSTRUÇÃO CLARA DA DOUTRINA SALVADORA DE NOSSO SENHOR JESUS CRISTO* (*OBRAS DE MENNO SIMONS*)

Deus Todo-poderoso, que tua misericórdia desça sobre toda a igreja; conserva-a em verdade e paz, em unidade e segurança, em todas as tempestades e contra todas as tentações e inimigos, para que ela, ofertando para tua glória o perpétuo sacrifício de oração e ação de graças, promova o reino do Senhor, seja preenchida com o Espírito Santo e partilhe dos sofrimentos do Senhor no mundo. Amém.

JEREMY TAYLOR (1613–1667), "PRIMEIRAS ORAÇÕES MATINAIS", EM *VIDA SANTA*, CAP. I, ORAÇÕES E DEVOÇÕES

PARA REFLETIR: Mt 26.20-35; Lc 22.7-27; Jo 13.1-20; 6.51-53; **1Co 10.17-32; 12.13-26;** Ef 4.12-15; Fp 2.1-11; **Cl 3.12-17;** Hb 13.20-22

◇◇◇◇◇◇◇ **72** ◇◇◇◇◇◇◇

A santa Ceia do Senhor é a Comunhão do corpo e sangue de Cristo. Por ser uma comunhão com Cristo, somos exortados a examinarmo-nos cuidadosamente para verificar se nos tornamos parte de Cristo, se somos carne de sua carne e osso de seu osso, se estamos em Cristo e Cristo está em nós. Pois todos os que com dignidade comerem de seu pão e beberem de seu cálice devem se transformar na pessoa interna e renovar a mente por meio do poder da Palavra divina e do exercício da fé. Devem se tornar pessoas novas, renascidas em Deus, e ser transferidas do velho Adão para Cristo. Devem receber o batismo conforme a ordem do Senhor, preparar-se para obedecer à Palavra do Senhor, negar a si mesmas e sujeitar-se à Palavra e às ordenanças do Senhor com todo o coração e mente. Que aqueles que comungam com Cristo à sua mesa entendam que isso significa que devem se manifestar como ramos frutíferos de Cristo, que é a Videira Verdadeira, pois agora são co-herdeiros na igreja do Senhor. Eles entraram na arca de segurança revestindo-se de Cristo por meio do perdão dos pecados e da dádiva do Espírito Santo.

MENNO SIMONS, "A SANTA CEIA DO SENHOR", EM *FUNDAMENTO E INSTRUÇÃO CLARA DA DOUTRINA SALVADORA DE NOSSO SENHOR JESUS CRISTO (OBRAS DE MENNO SIMONS)*

Concede-nos, Deus todo-poderoso, que, comungando uns com os outros e contigo, sintamos nosso coração arder dentro de nós, até que tudo o que é puro, justo, sagrado e nobre em Deus e no ser humano nos seja agradável e nada encontremos a temer além do que é odioso aos teus olhos. Amém.

GEORGE DAWSON (1821–1876),
ORAÇÕES: ANTIGAS E MODERNAS

PARA REFLETIR: Mt 3.11; 16.13-25; 28.19; **Jo** 3.3,36; 13.6; **15.1-17;** **Rm 8.17; 1Co 10.16;** 15.20-22; 2Co 6.17; Gl 3.23-29; 4.1-6; Tg 4.7-12

Durante a Última Ceia, Jesus disse a seus discípulos: "Tomem e comam, porque este é o meu corpo, entregue por vocês". Depois ele disse: "Este cálice é a nova aliança, confirmada com meu sangue". Foi como se Jesus estivesse lhes dizendo: "Queridos amigos, o amor que tenho por vocês e por toda a família humana me afeta com tanta intensidade que deixei a glória de meu Pai, entrei neste mundo de aflição e estou agora entre vocês como seu servo. Eu os vi cativos de Satanás, pois não havia ninguém para redimi-los. Vocês todos estavam desgarrados como ovelhas perdidas. Vi que não havia ninguém para cuidar de vocês, que, assim, eram presas fáceis para lobos vorazes, e não havia ninguém para resgatá-los. Por essa razão, desci dos céus, tornando-me homem pobre, fraco e mortal — igual a vocês em tudo, a não ser no pecado. Com grande zelo e amor eu os busquei e os encontrei indefesos, repulsivos e miseráveis; na verdade, semimortos. Cobri a sua nudez e tive compaixão; manifestei cordialmente meu amor; enfaixei seus ferimentos, limpei e derramei vinho e óleo nas feridas pútridas; salvei-os da mandíbula de ursos e leões, joguei-os por sobre os ombros e carreguei-os até os tabernáculos da paz".

MENNO SIMONS, "A SANTA CEIA DO SENHOR", EM *FUNDAMENTO E INSTRUÇÃO CLARA DA DOUTRINA SALVADORA DE NOSSO SENHOR JESUS CRISTO* (*OBRAS DE MENNO SIMONS*)

Deus todo-poderoso e misericordioso, em quem vivemos, nos movemos e existimos, concede que, tendo plena consciência de que erramos e nos afastamos de teus caminhos, tenhamos igual consciência da necessidade de voltar ao Bom Pastor. Perdoarás todos os que se aproximam em arrependimento e darás a alegria do Senhor. Amém.

GEORGE DAWSON (1821–1876), *ORAÇÕES: ANTIGAS E MODERNAS*

PARA REFLETIR: Mt 20.28; Lc 15.1-24; 22.39-46; Jo 12.31-32; 16.11; Rm 5.8; **1Co 11.24-26;** Fp 3.7-10; Hb 2.10,18; 5.8; 1Pe 1.11; Ap 2.8-11

Onde a Ceia do Senhor é celebrada com fé, amor, devoção, paz, harmonia e sinceridade de coração, o Cristo ressurreto está presente com sua graça e todos os méritos de seus sofrimentos.

Ah, deliciosa assembleia e banquete cristãos governados e ordenados pelo próprio Senhor! Aqui não há prazeres sensuais para satisfazer a carne e os apetites, mas tudo o que os discípulos de Jesus desejam — os gloriosos e sagrados mistérios manifestados nos sinais de pão e vinho — está disposto diante dos convidados de Cristo.

Ah, deliciosa assembleia e banquete cristãos, para os quais os orgulhosos que desprezam Cristo não são convidados! Eles não são o povo do Senhor, os filhos de Deus. Estes enterraram a velha vida de pecados para andar com Cristo por um caminho novo e devoto. Crucificaram a carne e são osso do osso e carne da carne de Cristo. São guiados pelo Espírito Santo.

Ah, deliciosa assembleia e banquete cristãos, onde não se pratica o comer e o beber exagerados nem se escuta música barulhenta, mas onde os corações famintos são alimentados pelo pão celestial da Palavra divina! Eles bebem o vinho do Espírito Santo. E almas tranquilas e alegres entoam louvores ao Senhor.

MENNO SIMONS, "A SANTA CEIA DO SENHOR", EM *FUNDAMENTO E INSTRUÇÃO CLARA DA DOUTRINA SALVADORA DE NOSSO SENHOR JESUS CRISTO (OBRAS DE MENNO SIMONS)*

Deus de toda graça e paz, que todas as minhas paixões e afetos sejam postos sob o domínio da graça, para que eu nunca, por intenção ou descuido, ofenda tua Divina Majestade. Glória a Deus, o Pai, ao Filho e ao Espírito Santo, agora e por toda a eternidade. Amém.

JEREMY TAYLOR (1613–1667), "OUTRA FORMA DE ORAÇÃO MATINAL", EM *VIDA SANTA*, CAP. I, ORAÇÕES E DEVOÇÕES

PARA REFLETIR: Mt 18.20; Lc 24.28-32; Jo 14.18-24; 21.21-24; At 2.1-21; 1Co 11.17-34; Gl 2.20; 5.24; 6.14; Hb 12.18-22

Assim, amados, a santa Ceia nos instrui e adverte. Primeiro, recebam o pão como o corpo de Cristo, que ele nos ofertou, e o cálice como seu sangue, que ele derramou com grande amor para a remissão de nossos pecados. Segundo, nessa santa Ceia somos exortados à união, ao amor e à paz, que devem caracterizar todos os cristãos, de acordo com o espírito, doutrina e exemplo de Cristo. Terceiro, estamos sendo exortados a uma vida renovada, santa e irrepreensível, que seja de Deus. Nessa santa Ceia somos chamados a toda justiça, gratidão, paz e alegria no Espírito Santo. Pois é uma comunhão do sangue e corpo de Cristo, do qual ninguém pode compartilhar a não ser que se torne um cristão humilde, pacífico, piedoso, morto para o pecado e regenerado conforme a Palavra de Deus.

Eis a essência de toda a questão. Os que desejam se sentar à mesa do Senhor, junto com os discípulos e convidados de Cristo, ricos ou pobres, altos ou baixos, devem ser firmes na fé em nosso Senhor Jesus Cristo. Em conduta e na vida, devem se esforçar para ser irrepreensíveis diante do Senhor.

Menno Simons, "A santa Ceia do Senhor", em Fundamento e instrução clara da doutrina salvadora de nosso Senhor Jesus Cristo (Obras de Menno Simons)

Deixa teu sangue vertido,
Deixa teu corpo partido
Ser para mim, ó Senhor,
Símbolo do teu amor;
Tu te deste para mim
E eu me dou a ti, enfim.

Hino grego, da trad. de John Brownlie (1907), Hinário

PARA REFLETIR: 1Co 11.29; 2Co 6.14—7.1; Gl 6.1-2,14-16; Ef 1.11-14; 2.10; 3.14-21; Cl 3.12-17; Hb 3.14; 1Pe 4.1-6

A verdadeira fé cristã engrandece e enaltece Deus, o Pai, e seu Filho, Jesus Cristo, por meio do temor piedoso e do amor frutífero. Por essa fé conhecemos a boa vontade do Pai para conosco por meio de Cristo. Por ela sabemos que todas as promessas aos pais, a espera dos patriarcas, a lei e as predições dos profetas foram cumpridas com Cristo e por meio de Cristo. Pela verdadeira fé cristã, sabemos que Cristo é nosso Rei, Senhor e Messias; ele é o Leão da tribo de Judá, o Deus Todo--poderoso, o Pai Eterno e o Príncipe da Paz; ele é a Palavra e a Sabedoria onipotente, incompreensível, eterna de Deus, o Primogênito de todas as criaturas, a Luz do Mundo, o Sol da Justiça, a Videira Verdadeira e a Fonte da Vida; ele é a Verdadeira Porta e o Verdadeiro Pastor, o infalível Alicerce e a preciosa Pedra Angular de Sião, o Caminho certo e a Verdade e a Vida; ele é o Profeta prometido, nosso Mestre e Professor, assim como nosso Redentor, Salvador, Amigo e Noivo.

Cristo é nosso único e eterno Mediador, Advogado, Sumo Sacerdote, Propiciador e Intercessor; ele é nossa Cabeça e Irmão. Sabemos tudo isso pela fé.

MENNO SIMONS, "A VERDADEIRA CRENÇA CRISTÃ", EM *A VERDADEIRA FÉ CRISTÃ (OBRAS DE MENNO SIMONS)*

Deus todo-poderoso e santo, tiveste misericórdia de mim. Teu Filho se entregou por mim. Por meio dele, que foi crucificado, tudo foi transformado: trevas em luz, morte em vida, fraqueza em força. Pai misericordioso e Deus de toda consolação, tem misericórdia de mim, e meu pobre coração louvará tua bondade para sempre. Amém.

ADAPTADO DE "DIANTE DE DEUS", ORAÇÃO DO PADRE KARL RAHNER, SJ (1904–1984), FEAST OF ALL SAINTS

PARA REFLETIR: Jr 29.11; At 2.14-36; 2Co 1.15-22; Ef 1.7-10; Fp 4.19-20; 2Ts 3.2; 1Tm 2.5; Hb 8.6-8; 9.11-28; 11.1—12.2; 2Pe 1.3-11; Ap 21.1-9

TERESA DE ÁVILA
(1515–1582)
(TERESA DE CEPEDA Y AHUMADA)

Um acontecimento no início da vida de Teresa de Ávila nos proporciona uma visão do caráter desta que um dia se tornaria uma grande reformadora, reverenciada por sua piedade modesta e seus ensinamentos sobre como orar e amar a Deus. Fascinados por relatos de mártires e santos cristãos, aos 7 anos de idade Teresa e seu irmão decidiram fugir de casa, ir para a África, ser decapitados por muçulmanos e, assim, tornar-se mártires cristãos. Não estavam muito longe de casa quando um tio interrompeu-lhes a peregrinação e devolveu os filhos à mãe preocupada.

Teresa nasceu em Ávila, na Espanha, a terceira filha de pais devotos que instilaram nela desde a infância a amor a Deus e à igreja. O pai, Don Alonso Sánchez de Cepeda, gostava de bons livros e transmitiu esse amor à filha. Teresa desenvolveu um agudo interesse em histórias de cavalaria e romances. Aos 15 anos, sua bondosa mãe, Doña Beatriz, morreu. Pouco tempo depois, a educação de Teresa foi confiada às freiras agostinianas de Ávila. Passados dezoito meses, porém, a saúde ruim forçou Teresa a voltar para casa.

De tempos em tempos, ela morava com parentes, um dos quais era um tio, Don Pedro, que a apresentou às cartas de Jerônimo (c. 347–420 d.C.). O relato de Jerônimo sobre sua vida como monge convenceu Teresa a entrar para um convento. Parte de sua motivação era o medo de que o pai pudesse lhe arranjar um casamento em breve. O pai objetou fortemente a esses planos, dizendo a Teresa que ela poderia entrar para um convento depois que ele morresse. O momento em que ela se separou do pai foi um dos mais dolorosos de sua vida. Em sua autobiografia, o *Livro da vida de Santa Teresa de Jesus*, ela nos conta que, assim que deixou a casa do amado pai, sentiu grande aflição, "como se me arrancassem cada osso do corpo" (cap. 4, seção 1).

Teresa foi em segredo para o Convento Carmelita da Encarnação, nos arredores de Ávila. Depois de um ano, fez os votos como freira carmelita. Entretanto, novamente a doença, inclusive uma paralisia parcial, a dominou. Don Alonso a levou para casa, onde, apesar dos cuidados médicos deficientes, a saúde de Teresa melhorou. Ela teria problemas de saúde durante todo o resto da vida. Enquanto se recuperava, teve uma visão transformadora do "Cristo muito chagado". Ela aprendeu a se comunicar com Deus e a fazer orações contemplativas de completa resignação à vontade divina. Após três anos, Teresa retomou a vida de freira.

Nos anos seguintes, o desenvolvimento espiritual de Teresa se acelerou, inclusive com orações que conduziam a visões místicas da paixão de Cristo e à intensa comunhão com Deus. Muitas vezes, quando tentava contar às outras o que estava acontecendo, as confidentes censuravam e ridicularizavam suas experiências como ilusórias e heréticas. Em 1557, porém, Pedro de Alcântara, um franciscano experiente na vida espiritual, ouviu Teresa e concluiu que o Espírito Santo estava, sem dúvida, agindo em sua vida. Um dos aspectos notáveis sobre a vida religiosa de Teresa era quão despretensiosa ela era e quão disposta estava a se submeter ao confessor e à correção doutrinal da igreja. Aqueles que estudaram Teresa observam uma sinceridade transparente a respeito de seus fracassos e dificuldades na peregrinação cristã. Ela parecia não ter interesse em se proteger; estava disposta a entregar-se à graça e às dádivas de Deus.

Em 1560, Teresa iniciou uma ampla reforma em seu convento, porque acreditava que ele havia se desviado do compromisso original com a austeridade religiosa. A reforma incluía uma volta à "clausura". Clausura significava fim das festas e de visitantes exteriores ao convento, volta à oração concentrada e ao estudo durante a maior parte das horas de vigília, e remoção dos sapatos como símbolo da vida simples (carmelitas descalços). Apesar da intensa oposição, Teresa acabou fundando dezessete casas de carmelitas de estrita observância em toda a Espanha.

Ó Senhor, os problemas surgem porque não temos os olhos fixos em ti. Se prestássemos mais atenção ao caminho em que andamos, logo chegaríamos a nosso destino. Mas tropeçamos e caímos mil vezes; erramos o caminho porque nosso olhar não está fixo em ti, o Verdadeiro Caminho. Considerando nossas falhas, seria de supor que ninguém jamais percorreu o caminho antes de nós. É uma pena que isso aconteça. Ora, às vezes nem parece que somos cristãs ou que nunca ouvimos falar dos sofrimentos de nosso Senhor.

Senhor, ajuda-nos para que não fiquemos irritadas com pequenas ofensas à honra. Apesar de tudo, isso acontece. Então, quando alguém nos aconselha dizendo que não devemos dar tanta importância à ofensa, questionamos se essa pessoa é mesmo cristã.

Quando nos repreendem, ou quando pecamos, gritamos: "Ora, não sou santa!" ou "Não sou um anjo!". Deus nos livre! Podemos não ser anjos, mas precisamos pensar que, se nos esforçarmos, o poderemos ser, se segurarmos a mão de Deus. Ele nos dará forças, se estivermos dispostas a fazer nossa parte. Vamos lá, mãos à obra!

Teresa de Ávila, O caminho de perfeição, cap. 16

Espírito Santíssimo, Consolador dos aflitos, Luz dos corações, Santificador das almas, és o Doador de todas as dádivas celestiais. Revigora-me, suplico-te, com tua graça, santifica-me com tua caridade, ilumina-me com tua sabedoria, adota-me em tua bondade como teu filho e salva-me em tua infinita misericórdia, para que eu te bendiga, te louve e te ame. Amém.

Afonso Maria de Ligório (1696–1787), "Oração ao Espírito Santo", Feast of All Saints

---

PARA REFLETIR: Sl 37.5-6; Is 40.25-31; Lc 9.23-27; 22.47-71; Jo 18.1-32; 19.1-3,13-25; 1Co 12.4-26; 13.4-7; Cl 3.1-17; 1Tm 6.3-10

Alguns cristãos já sabem como orar; conseguiram criar o hábito da oração. Por esse bom caminho o Senhor os levará ao porto de luz; caminharão com tranquilidade e segurança. Não há necessidade de instruí-los.

Mas, para muitos outros cristãos, quando se trata de orar, têm a mente como a de um cavalo indomado. Primeiro, galopam para um lado; no momento seguinte, galopam para outro lado. A mente nunca se aquieta. Até mesmo um cavaleiro experiente correria perigo. Esses cristãos são como pessoas sedentas que veem água a distância. Mas, sempre que chegam perto, surge alguém para bloquear-lhes o acesso. Tenho muita pena deles.

Ora, a água é a fonte de vida eterna que o Senhor prometeu à samaritana. Quem beber dela, nunca mais terá sede.

Que esse segundo grupo de cristãos tenha a certeza de que o próprio Senhor os convidou à fonte. Ele disse que todos os seus filhos eram convidados. Tenho certeza de que o Senhor não permitirá que ninguém deixe de receber a água viva, se prosseguir no caminho. Que o Senhor, que promete sua graça, lhes dê água em profusão.

Teresa de Ávila, O caminho de perfeição, cap. 19

Jesus, é doce em ti pensar,
Ao coração apraz;
Mais doce é ver tua face e estar
Contigo em tua paz.

Atribuído a Bernardo de Claraval (1090–1153 d.C.), da trad.
de Edward Caswall (1848), Hinário

PARA REFLETIR: 2Cr 7.14; Mt 6.5-15; Mc 1.35-39; Lc 11.9-13; 18.1-8; **Jo 4.1-15**; 7.37-44; Fp 4.6; 1Tm 2.1-4; Hb 4.1-16; Tg 5.13-18

"Pai nosso que estás no céu." Ó Pai, nessas palavras revelas que és o Pai de um Filho tal como Cristo Jesus, e teu Filho se revela como o Filho de tal Pai. É maravilhoso, nosso Senhor, que tenhas descido a um nível tão baixo para te reunires a nós quando oramos e para te tornares nosso Irmão. Como pode ser que, em nome de teu Pai, nos dês tudo o que teu Pai tem a ofertar? Queres até mesmo que o Pai nos adote como filhos. E tua palavra não pode falhar.

Parece que realmente comprometeste teu Pai a se tornar nosso Pai. Não é pouca coisa, porque, ao se tornar nosso Pai, ele agora precisa olhar com compaixão para nós, não importa quão grandes sejam nossas ofensas. Se nos arrependemos profundamente e retornamos a ele, ele precisa nos perdoar, assim como o pai perdoou o filho pródigo. Se ele é nosso Pai, precisa também nos consolar em nossas tribulações. Ele precisa nos sustentar assim como um pai humano faz com um filho. Na verdade, ele deve fazer melhor do que qualquer pai terreno, porque tudo o que é bom alcança nele a perfeição. Sendo nosso Pai, ele deve acalentar e sustentar. Finalmente, ele deve nos tornar participantes e herdeiros com seu Filho.

Teresa de Ávila, *O caminho de perfeição*, cap. 27

Ó Pai amoroso, que desejas que agradeçamos por todas as coisas, que nada temamos exceto tua perda e entreguemos todas nossas preocupações a ti, que cuidas de nós, preserva-nos dos medos infiéis e das ansiedades mundanas, e garante que nenhuma nuvem desta vida mortal nos oculte a luz do teu amor. Amém.

William Bright (1824–1901),
Orações: antigas e modernas

PARA REFLETIR: Mt 5.43-48; **6.1-13**; 7.7-11; Lc 12.32-34; 15.11-24; Rm 8.14-17; 1Co 1.3; 8.6; Gl 4.6; Hb 2.10-13; 1Jo 1.5-10

"Pai nosso que estás no céu." Quando se ora, não importa onde está o céu. Deus está em todos os lugares. Dizem que onde o rei está presente, toda a corte está lá. Onde quer que Deus esteja presente, o céu está presente, pois onde quer que a majestade de Deus esteja presente, também está a plenitude de sua glória. Lembrem-se de que Santo Agostinho diz que buscava a Deus em muitos lugares e acabou encontrando-o dentro de si mesmo.

Não é uma questão menor que nós, que somos tão facilmente distraídas, precisemos aprender isso. Para falar com o Pai eterno, para se deleitar com ele, não é necessário falar em voz alta como se Deus estivesse muito longe. Não importa quão baixo falemos, nosso Pai nos ouvirá. Não precisamos de asas para ir até ele; precisamos apenas de um local silencioso onde se possa ficar a sós e reconhecer a presença dele. Também não devemos nos sentir estranhas na presença de um Hóspede tão gentil. Devemos falar com nosso Pai com muita humildade, como faríamos com um pai terreno afetuoso. E devemos rogar-lhe como o faríamos com nosso pai terreno, contar-lhe nossas dificuldades e suplicar-lhe que as remedie. Mas, depois que tudo for dito, devemos reconhecer que somos indignas de ser chamadas filhas do Pai.

Teresa de Ávila, O caminho de perfeição, cap. 28

Deus todo-poderoso e eterno, tu nos chamaste em Cristo ao amor e à unidade; oramos para que governes nosso coração pelo Espírito Santo a fim de que nós, sendo pelo verdadeiro temor a Deus libertos de todo temor aos humanos, sirvamos a ti para sempre em justiça, misericórdia, humildade e gentileza uns para com os outros, por meio do teu querido Filho, nosso Redentor, Jesus Cristo. Amém.

Christian Charles J. Bunsen (1791–1860), Orações da coleção do finado Barão Bunsen

---

PARA REFLETIR: Jó 11.7-9; Sl 19.1-4; 139.1-24; Is 43.2; 57.15; Jr 23.24; **Mt 6.1-13**; 18.20; Rm 8.38-39; Hb 4.12-16; 13.12-16; 1Pe 5.6-11

Não sejam acanhadas na presença do Pai celestial. Algumas pessoas confundem acanhamento com humildade. Não seria humildade se um rei fosse fazer um favor a alguém e essa pessoa se recusasse a aceitá-lo. Ao contrário, a pessoa demonstraria humildade aceitando o presente e alegrando-se com ele, mesmo reconhecendo que não o merecia. Que bela humildade seria se o Imperador dos céus e da terra visitasse minha casa, a fim de me fazer um favor e alegrar-se com minha companhia, e eu fosse tão humilde que não respondesse a suas perguntas, não ficasse em sua companhia, nem aceitasse seus presentes! E se ele falasse comigo e me suplicasse que eu lhe pedisse o que desejasse, porém eu fosse tão humilde que preferisse permanecer na pobreza e até mesmo deixá-lo ir embora!

Não se deixem cair nesse tipo de humildade. Em vez disso, falem com Deus como com um pai, um irmão, um senhor ou um marido, às vezes de uma forma, às vezes de outra.

O Pai celestial lhes ensinará como contentá-lo. Peçam para falar com ele, como se ele fosse seu noivo; ele as tratará como sua noiva.

Teresa de Ávila, O caminho de perfeição, cap. 28

Concede-me, ó Jesus misericordioso, que tua graça esteja comigo, trabalhe comigo e permaneça comigo até o fim. Concede-me que eu deseje e queira sempre o que for mais aceitável e agradável a ti. Dá-me acima de todos os desejos o de descansar em ti, e que em ti repouse meu coração. Tu és seu único descanso. Amém.

Tomás de Kempis (c. 1380–1471), Imitação de Cristo,
livro 3, cap. 15

PARA REFLETIR: Sl 9.1-2; 24.1-6; 34.1-10,19-22; 36.7-10; 37.7; 40.1-10; 46.1-3; 63.1-8; 66.1-10; 68.4-6; 71.1-3

Satanás pode causar grandes danos sem que percebamos. Ele nos ilude fazendo-nos crer que possuímos certas virtudes quando não é verdade. Vítimas dessa ilusão, achamos que somos admiravelmente generosas e prestativas e que o Senhor deveria nos recompensar. Pouco a pouco, essa ilusão causará grande dano. Por um lado, a humildade se enfraquecerá e, por outro, deixaremos de tentar cultivar a virtude que julgamos já possuir. O diabo nos convencerá de que estamos andando por um caminho seguro quando, na verdade, estamos prestes a cair num fosso.

Podemos não ter cometido conscientemente um pecado execrável, mas certamente torcemos os tornozelos e não podemos prosseguir com desenvoltura pelo caminho de Jesus. Vocês podem imaginar quão pouco progresso uma pessoa obtém quando está presa num fosso. Essa ilusão também prejudicará os outros, pois, uma vez que um fosso tenha sido cavado, outros caminhantes podem cair lá dentro.

O que fazer para evitar essa ilusão? Primeiro, peçam ao Pai eterno que não caiamos em tentação. Segundo, se o Senhor nos deu alguma coisa, não nos esqueçamos de que é uma bênção que veio de Deus. Não é nossa, e nós não somos a sua origem. Terceiro, não confiem nas virtudes da forma como Satanás nos tenta a fazer.

Teresa de Ávila, O caminho de perfeição, cap. 38

Concede-me, fidelíssimo e amantíssimo Cristo, que eu busque minha paz e descanse em ti mais que em toda criatura; mais que na saúde e na beleza; mais que na honra e na glória; mais que no poder e na dignidade; mais que no conhecimento e na sabedoria humana, que em toda alegria e felicidade; mais que na fama e no louvor; em toda felicidade e consolação — mais que em tudo o que não és tu, meu Deus. Amém.

Tomás de Kempis (c. 1380–1471), Imitação de Cristo,
livro 3, cap. 21

PARA REFLETIR: Jr 17.9-10; Mt 4.1-11; 26.41; 2Co 2.5-11; Ef 4.25-32; 6.13-17; Fp 2.5-8; Tg 1.12-16; 4.1-3; 2Pe 3.11-18; 1Jo 2.16; 4.1-6

Mostra-nos, então, ó Mestre, como viver de modo vitorioso em toda essa perigosíssima guerra. O amor e o temor dados pelo Senhor são dois sólidos castelos a partir dos quais podemos travar a guerra contra o mundo e Satanás. O amor nos fará apressar nossos passos, enquanto o temor nos fará tomar cuidado quanto a onde colocamos os pés. Assim, não seremos iludidas e não cairemos nessa estrada onde há tantos obstáculos.

Os que verdadeiramente amam a Deus perseverarão no amor e favorecerão tudo o que é bom. Juntarão forças, invariavelmente, com pessoas boas. Amam apenas o que é verdadeiro e digno de amor. Pode aquele que verdadeiramente ama a Deus amar também a vaidade, as riquezas, os prazeres carnais e a honra? Pode se envolver em brigas e ter inveja? Não, pois seu único desejo é agradar ao Amado. Tais pessoas estão cheias de desejo por ele; por amor a ele, dariam a vida para saber como agradar-lhe. Esconderão seu amor? Não se o seu amor for genuíno. Pensem em Maria Madalena, que não conseguia ocultar o amor que sentia pelo Senhor. Seja pouco, seja muito, o verdadeiro amor pelo Senhor sempre se expressará. Sendo fogo, não pode deixar de nos dar sua luz.

Teresa de Ávila, O caminho de perfeição, cap. 40

Ó Senhor Jesus, insistimos em oração que nos inspires e renoves em nós o desejo intenso de compartilhar teu amor com os outros, de falar de ti, de tornar-te conhecido. Abre nosso coração frio e sacode nossa vida morna e superficial para recebermos teu olhar de amor e então, no poder do Espírito, sairmos e compartilharmos teu amor com os outros. Amém.

Adaptado de Papa Francisco, *Evangelii Gaudium*, cap. 5, § 264

PARA REFLETIR: Jó 1.8; 2.3; Sl 34.11-18; 36.5-10; Pv 3.7; 8.13; 16.6; Lc 10.27; Jo 14.15-17; 1Co 10.31-33; Ef 6.10-17; 1Pe 3.8-12; 1Jo 3.18-24

Como pode, então, um amor como o de Deus ser escondido? É tão forte, tão justo, vai sempre crescendo e nunca deixa de se manifestar. Que Deus se agrade de nos permitir conhecer esse amor plenamente antes que ele nos tire deste mundo, pois será muito valioso, à hora da morte, saber que seremos julgados por Aquele a quem amamos acima de todas as coisas, com uma paixão que transcende todo amor-próprio. Quando deixarmos este mundo, não estaremos entrando em terra estranha, mas em nossa própria terra, pois pertence a Cristo, a quem tanto amamos e que nos ama.

Com certeza não pode haver dúvida sobre o amor de Deus por nós. Nossa confiança se assenta sobre um firme alicerce: as grandes dores, tribulações, paixão e morte na cruz de nosso Senhor. Isso é amor e merece o nome, ainda que as vaidades terrenas tenham desvalorizado o termo.

Além disso, o amor de Deus é melhor que todas as afeições terrenas. Esforcemo-nos para receber o amor de Deus, pois, de outra forma, cairemos nas mãos do tentador, que é tão hostil a tudo o que é amável e tão amigo de tudo o que se opõe ao amor.

Teresa de Ávila, *O caminho de perfeição*, cap. 40

Ó Espírito Santo, palavras de exortação para testemunhar o evangelho de Jesus Cristo nunca serão suficientes se não arder em nosso coração o fogo do Espírito Santo. Ensina-nos que um testemunho repleto do Espírito é guiado por tu somente, pois és a alma da igreja chamada para a proclamação do evangelho. Vem, Espírito bendito, renovar, sacudir e impelir a igreja a sair cheia de coragem a fim de evangelizar todos os povos. Amém.

Adaptado de Papa Francisco, *Evangelii Gaudium*, cap. 5, § 261

PARA REFLETIR: Sl 42.8; 63.3; Jo 3.16; Rm 5.6-11; 2Co 5.18-21; Ef 2.4-10; 3.7-13; 2Ts 2.16-17; 1Jo 3.1-3; 4.7-16; Ap 1.3

É delicioso falar do amor de Deus. Que o Senhor conceda generosamente seu amor a nós para que, quando partirmos desta vida, não haja carência. Mas há outra dimensão que deve acompanhar a consideração do amor de Deus, a saber, o temor de Deus. Aqueles para quem o amor a Deus se soma ao santo ou piedoso temor conhecem bem essa experiência. Para outros cristãos o temor não é muito profundo. Os que verdadeiramente conhecem o temor de Deus enriquecem em virtudes e se elevam a grandes alturas em eficácia de oração. À medida que o temor aumenta, o cristão se fortalece. Os que possuem um temor piedoso renunciam ao pecado e evitam situações, tais como más companhias, que possam levar ao pecado.

À medida que o temor aumenta, o amor aumenta, pois, por mais atentamente que observemos esses cristãos, não encontramos diminuição em seu amor. E nunca os apanharemos em descuido. O temor piedoso fortalece os cristãos para que superem as tentações. Esses cristãos mantêm a consciência pura e, assim, não sofrem danos.

Esse temor é o que espero que jamais nos abandone, pois ele impede a nossa queda.

Teresa de Ávila, O caminho de perfeição, cap. 41

Ó Senhor Jesus, comeste e bebeste com os pecadores, olhaste com amor para os cegos e desprovidos. Ensina-nos agora a tocar a miséria humana, como tu fizeste. Vivamos uma espiritualidade que nos aproxime dos outros no intuito de procurar-lhes o bem-estar. Assim, tu nos ampliarás o coração para tuas mais excelentes e belas dádivas. Quando nos encontramos com o próximo no amor, cremos que cresceremos na luz da fé e conhecimento de Deus. Amém.

Adaptado de Papa Francisco, Evangelii Gaudium,
cap. 5, § 269, 270, 272

PARA REFLETIR: Sl 34.1; 36.1; Pv 8.13; 10.9; 16.6; Mt 7.13-27; Mc 10.17-22; Jo 4.7-8; Gl 4.19-20; Ef 4.1-3; Fp 4.8; 2Pe 1.5-8

JOÃO DA CRUZ
(1542–1591)

Se a nobreza conforme os padrões cristãos é determinada pelas bem-aventuranças, João da Cruz é o exemplo perfeito. E, se estivermos procurando alguém que respondeu às ofensas com o espírito misericordioso de Cristo, não há dúvidas de que podemos recorrer a ele.

João da Cruz nasceu como Juan de Yepes y Álvarez em Hontiveros (Fontiveros), Castela a Velha, na Espanha, de pais pobres, tecelões de seda. O pai veio de uma família nobre, mas foi deserdado porque se casou com a filha de um tecelão humilde. Dizer que a família de João era pobre é um eufemismo. Para piorar a situação, o pai de João morreu no apogeu da vida. Sem ter onde morar e mal conseguindo escapar da fome, a família necessitada vagava de um lugar para outro em busca de emprego. Quando chegaram a Medina del Campo, João foi enviado a uma escola para crianças pobres a fim de aprender uma profissão. Era bom aluno. Entretanto, ao tornar-se aprendiz de um artesão, não conseguiu aplicar o que havia aprendido. O diretor do hospital em Medina se compadeceu dele e indicou-o para atender os pacientes mais pobres. Durante sete anos, João dividiu o tempo entre o trabalho no hospital e os estudos na escola fundada pelos jesuítas.

Os carmelitas — ordem religiosa provavelmente fundada no século 12 no Monte Carmelo, na Palestina — haviam aberto uma casa em Medina. João se juntou a eles, recebendo o nome de João de São Matias e um hábito de monge em 1563. Enviado a Salamanca para estudos superiores, foi ordenado sacerdote em 1567. Relutando em se tornar pároco, pretendia entrar para a ordem dos cartuxos (fundada por Bruno de Colônia em 1084). Em vez disso, encontrou-se com Teresa de Ávila, que havia chegado a Medina para fundar um convento carmelita. Ela convenceu João a permanecer com os carmelitas e a ajudá-la a reformar a ordem. Eles queriam reintroduzir a observância à regra original. João acompanhou Teresa a Valladolid, onde esperava fundar um novo mosteiro para frades. Em 1568, tendo recebido a permissão para morar em uma casa em ruínas, junto com dois companheiros, João da Cruz, como ele se chamava agora, iniciou a obra de reforma. Os frades seriam a Ordem dos Carmelitas Descalços (hoje identificados pelas iniciais OCD) e se restringiriam à oração contemplativa em suas celas. O movimento de reforma se espalhou rapidamente. A casa que João fundou se tornou um notável centro monástico.

Teresa o chamou a Ávila para nomeá-lo diretor espiritual e confessor do Convento da Encarnação, do qual Teresa havia recentemente se tornado prioresa. A reforma não teve aceitação universal entre os carmelitas; surgiram confusões e conflitos intensos. O provincial dos carmelitas ordernou a João que voltasse a Medina, um mandato que ele se recusou a obedecer. Em dezembro de 1577, João foi preso e levado a Toledo, na Espanha, onde foi confinado em uma cela minúscula, de menos de seis metros quadrados. Permaneceu lá por nove meses antes de escapar e se esconder de seus perseguidores na enfermaria de um convento. Enquanto esteve na prisão, poderia ter-se tornado amargo e vingativo. Em vez disso, na cela fria e escura sua fé foi renovada; sentiu a plenitude da presença e alegria do Senhor. João compôs poesias místicas que depois seriam compiladas em livros: *Subida do Monte Carmelo*; *A noite escura da alma* e *Cântico espiritual*.

Mais tarde, João exerceu vários cargos de liderança. Ocupou-se, sobretudo, em fundar e dirigir mosteiros. Os oponentes continuaram a persegui-lo. Finalmente, com a saúde fraca, foi transferido para o mosteiro de Úbeda, onde foi tratado duramente. Com o passar do tempo, muitos de seus oponentes reconheceram sua santidade. João morreu como havia vivido, praticando a convicção de que apenas o amor, não a crueldade, conquista as pessoas para o amor a Deus. Onde não há amor, pregava ele, semeemos o amor e colheremos amor.

O conhecimento das coisas de Deus concedido pelo Espírito pode resultar em vaidade se o cristão valoriza demais tal conhecimento e o vê como elogio a si mesmo. Mesmo que a pessoa atribua tal conhecimento a Deus e até se julgue indigna dele, o perigo é abrigar satisfação e amor-próprio ocultos. O espectro do orgulho espiritual assombra todo conhecimento de Deus. O pecado do orgulho pode vir à tona quando outros deixam de louvar a pretensa superioridade espiritual de alguém ou quando alguém se angustia ao saber que outros tiveram experiências religiosas semelhantes. Observem a vaidade: extrai-se mais prazer dos próprios dons espirituais que dos dons dos outros. A ofensa surge do pecaminoso amor-próprio oculto.

Atormentada, a pessoa jamais chega a compreender que está atolada no orgulho carnal. Os cristãos que incorrem nesse erro são como o fariseu, que dava graças a Deus por não ser como as outras pessoas. Eles podem não se exprimir com as mesmas palavras do fariseu, mas se assemelham a ele em espírito. Para escapar desse mal pestilento, o cristão deve ter uma verdadeira humildade firmemente enraizada na alma. Só então ele poderá se regozijar dos dons que Deus concede aos outros. Ele precisa compreender que visões e revelações são menos importantes que a humildade nascida do amor.

João da Cruz, Subida do Monte Carmelo, livro 3, cap. 9

Concede, ó Senhor, que sempre reverenciemos e amemos o teu santo nome, pois nunca deixas de conduzir aqueles que tu firmaste no alicerce do teu amor. Por nosso Senhor Jesus Cristo, teu Filho, que vive e reina contigo, na unidade do Espírito Santo, um só Deus, para todo o sempre. Amém.

"Décimo segundo domingo do tempo comum",
Coleta, Missal romano

PARA REFLETIR: Pv 18.12; **Lc 18.11-12;** Rm 12.3-13; 1Co 8.1-13; 13.2-8; 2Co 4.12; Fp 2.19-24; 4.8-9; Cl 2.20-23; 2Pe 1.3-11

Dons espirituais podem se tornar uma porta pela qual o diabo entra na alma como um anjo de luz. Não apenas ele pode enganar por meio de ideias falsas que, na superfície, parecem ser verdadeiras, como também pode enganar por meio do verdadeiro conhecimento de Deus. Satanás faz isso iludindo o cristão a se preocupar com o conhecimento espiritual como um fim em si mesmo. Assim iludido, o cristão começa a se comprazer com dons espirituais; precipita-se em gula espiritual e outros males. O diabo tem sucesso primeiro instando os cristãos a terem prazer e deleite naquilo que Deus lhes deu. O perigo é que a alma se tornará confusa e cega, porque atribui mais valor ao desfrute dos dons do que ao amor ativo. Dá mais importância ao que possui do que à autoentrega baseada na fé, esperança e amor a Deus. A alma então perde a capacidade de distinguir entre verdadeiro e falso, trevas e luz.

Deixada a si mesma, essa ilusão, como o grão de mostarda, aumentará e, por fim, se tornará uma grande árvore. Como podemos impedir que isso aconteça? Não devemos extrair prazer nos congratulando pelos dons de Deus.

João da Cruz, Subida do Monte Carmelo, livro 3, cap. 10

Ó Senhor, nós te suplicamos que aperfeiçoes a fé dos crentes e plantes a boa semente da fé no coração dos que ainda não creram em teu Filho para a vida eterna, a fim de que todos olhemos com firmeza para ti e corramos com perseverança a corrida que foi posta diante de nós. Dá-nos graça para demonstrar nossa fé por meio de obras de amor; ensina-nos a andar pela fé, tendo plena confiança em tuas promessas. Amém.

Christina Georgina Rossetti (1830–1894),
Orações: antigas e modernas

PARA REFLETIR: Pv 3.34; 6.16-19; 16.18; 29.23; **Mt 13.31-32;** 20.24-28; Mc 10.42-45; Rm 15.1-13; 1Co 11.17-22; 12.1-30; 1Jo 2.15-17; Ap 18.1-24

Se, na presença de um rei, alguém fixasse a atenção nos servos do rei mais do que no rei, isso mostraria que essa pessoa não tem uma opinião muito elevada do rei. Os servos pareceriam ser mais ilustres.

Assim também, não devemos prestar mais atenção ou atribuir mais valor às coisas que Deus criou do que ao próprio Deus. Todas as criaturas, terrestres ou celestiais, todas as coisas que existem e todo tipo de conhecimento, natural ou sobrenatural, que a mente humana consegue absorver, por mais sublimes que sejam, não têm valor ou importância comparável à presença de Deus. Pior ainda, algumas pessoas começam a agir e pensar como se Deus fosse semelhante a essas coisas.

Como podemos evitar esse perigo? Colocando nossa esperança somente em Deus e crescendo na elevação dessa esperança em proporção à majestade de Deus.

João da Cruz, *Subida do Monte Carmelo*, livro 3, cap. 12

Deus Todo-poderoso, Tesouro eterno de todas as boas coisas, tu preenches todas as coisas com generosidade. Vestes os lírios do campo e alimentas os filhotes dos corvos que clamam a ti. Que tua providência seja meu armazém, que minhas solicitações sejam avaliadas de acordo com minhas necessidades. Que meus desejos neste mundo nunca sejam insaciáveis, meu trabalho de amor nunca egoísta e ávaro, meus cuidados nunca corrompidos por ansiedade e distração desprovidas de fé. Em vez disso, que meus desejos sejam moderados, santos e subordinados à tua vontade, na medida que designaste para mim. Amém.

Jeremy Taylor (1613–1667), *Orações: antigas e modernas*

PARA REFLETIR: 1Cr 16.9,29; Sl 5.7; 34.9; 145.10-21; Rm 5.1-5; 11.33-36; 12.1-2,12; 15.4,13; 1Co 13.13; Ap 1.8-18; 5.9-13; 11.15-18; 15.3-8; 19.1-8

Não adianta purificar nosso entendimento e alicerçá-lo na fé ou purificar a memória e alicerçá-la na esperança se não purificamos nossa vontade e não a alicerçamos no amor a Deus. Sem amor, a fé é morta; nossa vontade precisa ser aperfeiçoada em amor a Deus. Não há nessa questão maior autoridade que esta passagem do Deuteronômio 6.5: "Ame o SENHOR, seu Deus, de todo o seu coração, de toda a sua alma e de toda a sua força". Aí está contido tudo o que uma pessoa piedosa deve fazer para alcançar a Deus: a união da vontade humana com a vontade de Deus no amor. Para esse fim, devemos empregar todas as nossas capacidades, desejos, atividades e afetos.

A força da alma consiste em suas faculdades, paixões e desejos governados pela vontade. Quando nossa vontade estiver, no amor, plenamente dirigida a Deus, então todas as faculdades do espírito humano estarão dirigidas a Deus. Assim a pessoa deixa de amar tudo o que é contrário a Deus. Deus se torna a força do espírito humano. Agora a alma pode amar a Deus com todas as suas forças. Todos os nossos afetos — alegria, esperança, dor e temor — devem ser purificados e governados por Deus.

João da Cruz, Subida do Monte Carmelo, livro 3, cap. 16

Ó Deus, que unes a mente dos fiéis num só propósito, concede ao teu povo amar o que ordenas e esperar o que prometes, para que, nas incertezas deste mundo, fixemos o coração onde se encontram as verdadeiras alegrias. Por nosso Senhor Jesus Cristo, teu Filho, que vive e reina contigo, na unidade do Espírito Santo, um só Deus, para todo o sempre. Amém.

"Vigésimo primeiro domingo do tempo comum",
Coleta, Missal romano

PARA REFLETIR: Dt 6.4-6; 10.12-13; Sl 18.1-3; 27.4; 63.1-3,7-8; Mt 6.24; Mc 12.30; Jo 14.20-23; 15.9-13; Ef 3.7-21; Fp 3.7-10

O que significa amar a Deus com toda a nossa força? Nossa força reside em nossas faculdades, paixões e desejos, todos governados pela vontade. Amar a Deus com toda a força significa colocar intencionalmente tudo isso em conformidade com a vontade de Deus. As paixões são quatro: alegria, esperança, dor e temor. Quando o caminho do Senhor as controla, quando nos alegramos, temos esperança, sentimos dor e tememos apenas diante do que glorifica a Deus, a força dele se torna a nossa força.

Se todo o nosso ser não estiver atrelado ao Senhor, surgirão todo tipo de vício. Mas, quando o Senhor ordena, todas as virtudes cristãs obedecem. E, se qualquer das paixões for governada pelo Senhor, as outras se seguirão. Nossas paixões estão tão intimamente ligadas que o caminho de uma é o caminho da outra. Se nos alegramos com alguma coisa, a esperança de possuí-la se expande na mesma medida de nosso deleite. Inversamente, se nosso desejo por alguma coisa diminuir, nosso temor e dor também diminuirão.

Portanto, para amar a Deus com toda a nossa força, precisamos cuidar para que nenhuma de nossas faculdades e paixões seja tomada pelo inimigo. Ao contrário, elas devem estar livres para voar em busca da união com a vontade de Deus. Então saberemos o que significa amar a Deus com toda a nossa força.

João da Cruz, *Subida do Monte Carmelo*, livro 3, cap. 16

Ó bendito Jesus, és meu Salvador e meu Deus. Teu corpo é meu alimento, e tua justiça é meu manto. Entra em meu coração e joga fora todas as impurezas, todos os resquícios do homem antigo. Funda em mim uma fé incorrupta e um amor autêntico pela plenitude da sabedoria, pela cura do meu espírito. Amém.

Jeremy Taylor (1613–1667), "Oração em preparação ao santo sacramento", em *Vida santa*, cap. 4, Orações para todo tipo de pessoa

---

PARA REFLETIR: Mt 25.14-30; Mc 8.34-38; 12.30; Jo 13.1-20; Rm 12.1-2; Ef 4.25—5.2; 6.10-20; Fp 2.12-18; Cl 2.8-23; Tt 2.11-14

FRANCISCO DE SALES
(1567–1622)

Paulo lembrou aos Coríntios que não havia usado de palavras "eloquentes nem sabedoria humana", mas apresentado com clareza o "plano secreto de Deus" (1Co 2.1). Esse estilo descreve precisamente Francisco de Sales, um homem de nascimento nobre e educação excelente que foi conquistado pelo amor de Deus e quis compartilhar esse amor com todos. Ele acreditava que Deus o estava chamando para o sacerdócio. Contudo, para responder a esse chamado, Francisco teria de vencer a oposição do pai. Sua obediência inabalável e sacrificial à vontade de Deus é um dos testemunhos mais inspiradores na história cristã.

Francisco nasceu em uma família aristocrática no Castelo de Sales, na Saboia suíça. Quando criança, era interessado em religião, tinha apreço pelos livros, era obediente e honesto. Era especialmente gentil com os menos afortunados. Desde a juventude, quis se tornar sacerdote. Mas o pai tinha outros planos. Aos 14 anos, Francisco foi enviado ao Colégio de Navarra, na Universidade de Paris, onde estabeleceria vínculos com outros membros da aristocracia e prepararia o caminho para um futuro secular de sucesso. Francisco, porém, preferiu Clermont, um dos colégios universitários dirigidos por jesuítas e conhecido por sua devoção e erudição. Estudar teologia e as Escrituras e devotar-se a Deus eram as paixões de Francisco. Em determinado momento, temeu haver perdido o favor de Deus. Em desespero, disse a Deus que, mesmo que nunca fosse ver-lhe o rosto no paraíso, ainda assim o amaria de todo o coração. Pouco tempo depois, enquanto orava, a permanente e confirmadora paz de Deus desceu sobre ele.

Depois de seis anos em Paris, o pai de Francisco o enviou à Universidade de Pádua para estudar direito. Lá ele se destacou nos estudos e pela conduta virtuosa. Aos 24 anos, formou-se doutor em direito, o que o qualificava, na opinião do pai, a uma excelente carreira em direito e serviço público. Para completar a preparação de Francisco como cavalheiro, o pai arranjou-lhe um casamento com uma encantadora noiva aristocrática. Além disso, obteve para o filho um lugar no senado. Mas Francisco rejeitou a ambos e, com isso, constrangeu o pai, que não queria consentir em que Francisco se tornasse padre.

Como forma de resolução da crise, foi-lhe oferecido o cargo de prepósito do capítulo catedrático de Genebra. A aceitação por Francisco desse cargo, que era o segundo na hierarquia, só abaixo do bispo, aplacou o pai, que cedeu e concordou em que Francisco fosse ordenado (1593). Como prepósito, Francisco se tornou pregador eficiente e popular. Prestava assistência aos pobres e ensinava a fé de maneira persuasiva.

Pouco tempo depois, Francisco recebeu uma tarefa mais desafiadora: servir como missionário entre católicos não praticantes perto do Lago Léman, onde a influência protestante havia reduzido em muito a população católica. Algumas igrejas católicas haviam sido incendiadas e seus sacerdotes, expulsos. Ali Francisco provou sua coragem. Trabalhando junto com o primo e correndo grande perigo, inclusive o de ser espancado por protestantes hostis, Francisco renovou a coragem dos católicos desanimados. Certa vez, chegou a ser salvo por alguns calvinistas de uma morte praticamente certa. Para chegar ao povo, Francisco escreveu folhetos instrutivos. Seus sermões simples e eficazes atraíam grandes públicos. Fez doações aos pobres, cuidando com amor de suas necessidades materiais, e com paciência instruiu os penitentes na fé.

Depois da morte do bispo de Genebra, em 1602, Francisco o sucedeu. Em vez de viver suntuosamente, adotou uma vida de pobreza evangélica. Continuou a pregação cativante, catequizou os membros de sua diocese, cuidou dos necessitados e atraiu a afeição das crianças.

Aos 65 anos, exausto, o homem que acreditava que "a medida do amor a Deus é amá-lo sem medidas" (*Piedade prática*, parte 2, cap. 1) morreu após um ataque de paralisia. John Wesley aclamaria Francisco como um homem cuja vida serviu de modelo para a santidade cristã (sermão 107, "Na videira de Deus", *Obras*, vol. 7, p. 202-213).

Quando Deus criou o mundo, ordenou a cada árvore que produzisse frutos segundo a sua espécie. De igual modo, Deus convida os cristãos — as árvores vivas de sua igreja — a produzirem frutos da devoção, cada um conforme o seu tipo e vocação. Um exercício diferente de devoção é exigido de cada um: nobreza, artesão, servos, príncipes, donzelas e esposas. Além disso, a devoção deve se adequar à força e às tarefas de cada um. A devoção que é verdadeira em nada atrapalha o caminho da santidade cristã. Ao contrário, tudo aperfeiçoa. Uma devoção ao Senhor que não combine com a vocação da pessoa é uma falsa devoção. Aristóteles diz que a abelha suga o mel das flores sem danificá-las, deixando-as intactas e frescas como as encontrou. Todavia, a verdadeira devoção faz ainda mais; não apenas não atrapalha a vocação, mas também a embeleza e exalta. Jogue pedras preciosas no mel, e cada uma ficará mais brilhante conforme a sua cor. Assim também, cada vocação é mais perfeitamente cumprida quando banhada em devoção ao Senhor.

FRANCISCO DE SALES, *INTRODUÇÃO À VIDA DEVOTA*, PARTE I, CAP. 3

Ensina-me, meu Rei,
A ver-te em tudo aqui,
E tudo o que faço e farei,
Fazê-lo para ti.
GEORGE HERBERT (1593–1633), REVISADO POR
JOHN WESLEY (1703–1791), HINÁRIO

PARA REFLETIR: Rm 12.1-2; 1Co 7.17-24; Ef 3.7-16; 4.1-17; Fp 2.7-11; 1Ts 4.11-12; Tg 5.7-16

Todos os filhos de Israel deixaram a terra do Egito, mas nem todos saíram com entusiasmo. Assim, quando iniciaram a árdua viagem pelo deserto, alguns sentiram falta dos melões, alhos-porós e cebolas do Egito. Da mesma forma, há penitentes que parecem renunciar ao pecado, mas que, na verdade, não renunciaram aos afetos pecaminosos. A vida de pecado continua a exercer sobre eles a mais forte atração. Como alguns dos israelitas, eles renunciaram ao pecado e o abandonaram formalmente, mas relutam e sentem saudade do que deixaram para trás. São como a esposa de Ló, que fugiu de Sodoma com relutância. Esses cristãos ambivalentes nos lembram pessoas que, sem estarem realmente doentes, mostram-se pálidas e doentias, fracas em tudo o que fazem. Comem sem apetite, dormem sem repousar e riem sem alegria. Apenas se arrastam pela vida.

Para levar uma vida santa, é preciso não apenas renunciar aos atos pecaminosos, mas também purificar o coração de todos os afetos pecaminosos, transformar todo o ser. Abrigar afetos desprezíveis enfraquecerá e confundirá perpetuamente o discipulado da pessoa. Ela não estará alerta e empenhada nas boas obras da fé e na obediência integral, as manifestações da devoção incorrupta.

Francisco de Sales, *Introdução à vida devota*, parte I, cap. 7

Ó santo e eterno Jesus, pelo Espírito Santo te agradaste de fazer tua morada em mim. Ensina-me então a andar de modo que eu nunca profane o testemunho do evangelho ou a grandeza da fé cristã, nem macule o manto sagrado com que me vestiste, nem quebre os votos sagrados que proferi e que o Espírito Santo selou. Amém.

Jeremy Taylor (1613–1667), "Jaculatórias a serem proferidas antes ou no momento de receber o Santo Sacramento", em *Vida santa*, cap. 4, Orações para todo tipo de pessoa

---

PARA REFLETIR: Gn **19.26**; Êx 16.1-3; 17.1-7; 32.1-14; **Nm 11.4-6**; Os 11.1-4; Mq 6.3-8; Jo 6.52-69; 2Tm 4.2-5; Tg 3.13-18; 1Pe 5.6-9; Ap 2.1-7

Voltando-me à infinita misericórdia do Deus eterno, detestando meus pecados passados, peço humildemente a graça, o perdão e a misericórdia de Deus, para a completa remissão dos pecados em nome da paixão e morte de meu Senhor e Redentor, a base firme de minha esperança. Renovo a sagrada promessa de fidelidade a Deus. Renuncio ao demônio, ao mundo e à carne, abominando suas malditas sugestões, vaidades e concupiscências, agora e para sempre.

Voltando-me sempre ao Deus amoroso e misericordioso, desejo, pretendo e decido servi-lo e amá-lo eternamente, devotando minha mente com todas as suas faculdades, minha alma com todos os seus poderes, meu coração com todos os seus afetos, meu corpo com todos os seus sentidos, à sua vontade.

Declaro que jamais usarei impropriamente qualquer parte do meu ser para me opor à divina e soberana majestade, prometendo ser sempre um servo leal, obediente e fiel, sem qualquer alteração ou retração. Se eu falhar nessa resolução, declaro, pela graça do Espírito Santo, que me erguerei e voltarei, sem qualquer demora, a buscar o perdão misericordioso de meu Senhor. Esta é minha resolução inviolável, irrevogável, que faço na santa presença de Deus.

FRANCISCO DE SALES, *INTRODUÇÃO À VIDA DEVOTA*, PARTE I, CAP. 20

Ó Deus eterno, todo-poderoso e todo-amoroso, aceita-me como oferta sincera e de boa vontade. Considerando que foi do teu agrado inspirar-me o desejo de fazer essa oferta, dá-me também a força e a graça necessárias para cumpri-la. Ó Deus, tu és meu Deus, o Deus de meu coração, de minha alma e espírito; como tal, eu te reconheço e te adoro, agora e por toda a eternidade. Amém.

FRANCISCO DE SALES, *INTRODUÇÃO À VIDA DEVOTA*, PARTE I, CAP. 20

PARA REFLETIR: Sl 32.5; 40.11-12; 51.1-17; 69.5; Is 6.5; Lc 18.9-14; 19.1-10; Rm 8.14-17; 12.9-13; Ef 4.25—5.5; 5.15-20; 1Jo 1.8-10

A oração abre o entendimento ao brilho da luz divina e a vontade ao calor do amor celestial. Nada é tão eficaz em purificar a mente da ignorância ou a vontade de seus afetos perversos. A oração é como a água que cura, fazendo as raízes dos bons desejos enviarem novos brotos, como um rio que lava as imperfeições do espírito e remove a sede da paixão.

Aconselho a você a oração fervorosa, mais particularmente a oração que reflete sobre a vida e a paixão de nosso Senhor. Contemplando-o com frequência na meditação, todo o seu ser se impregnará de Cristo. Você cultivará a semelhança com ele e as suas ações se espelharão nas dele. Jesus Cristo é a Luz do Mundo; portanto, nele, por ele e para ele devemos ser iluminados. Ele é a Árvore da Vida, e à sua sombra encontraremos descanso. Ele é a Fonte Viva do poço de Jacó, onde podemos lavar todas as manchas de nossa alma.

As crianças aprendem a falar escutando a mãe. Assim também, se nos agarrarmos ao Salvador na meditação, escutando suas palavras e observando suas ações, com o tempo aprenderemos, pela graça, a falar, agir e desejar como Jesus.

Francisco de Sales, Introdução à vida devota, parte 2, cap. 1

Ó Deus, por tua bondade inexprimível e por todas as tuas graças e bênçãos, ofereço tudo o que sou e tudo o que tenho em sacrifício a ti e a teu serviço. Perdoa meus pecados, guarda-me de todo mal e conduz-me a tudo o que é bom. Que eu esteja entre os redimidos quando reunires os santos em teu reino de graça e glória. Amém.

Jeremy Taylor (1613–1667), "Outra forma de oração matinal", em Vida santa, cap. 1, Orações e devoções

---

PARA REFLETIR: Mc 1.35; 14.32-42; Lc 11.1-4; 21.34-36; Gl 2.20; Ef 6.18-20; Fp 4.6; Cl 1.9; 3.16; 1Pe 2.21

O profeta Eliseu mandou uma viúva pobre pedir vasilhas emprestadas, vasilhas vazias, quantas conseguisse, e despejar óleo dentro de todas elas. Assim também, para receber a imensa graça de Deus nós precisamos ser como vasilhas vazias, livres de autoestima e autossuficiência diante de Deus. Podemos testar se isso realmente acontece da mesma forma como se testa a qualidade do bálsamo. Mergulhe-o na água. Se chegar ao fundo, é puro e precioso.

Use o mesmo teste para saber se uma pessoa é verdadeiramente sábia, culta, generosa ou nobre. Observe se a vida dela é guiada por humildade, modéstia e submissão à vontade de Deus. Se for, então esses dons são genuínos. Mas, se a pessoa for superficial, tenha a certeza de que sua ostentação seguirá em proporção à sua artificialidade. Quando as qualidades aparentemente santas de uma pessoa são, na verdade, alimentadas por orgulho, vaidade e ostentação, elas logo murcharão, não deixando nada mais que a exibição vazia, sem seiva, sem medula, sem substância.

Aqueles que exigem que os outros prestem demasiada atenção em sua posição, título e importância não apenas perdem o crédito, como também atraem o desprezo público por cargos e títulos. Uma honra que deve ser dada livremente se torna sem valor quando extraída à força ou comprada. Quando um pavão abre a cauda vistosa, inevitavelmente expõe o feio corpo que está embaixo.

FRANCISCO DE SALES, *INTRODUÇÃO À VIDA DEVOTA*, PARTE 3, CAP. 4

Ó Jesus, permita-me habitar em teu coração, ser instruído com tua sabedoria, ser tocado por teus afetos, escolher apenas o que desejas e vestir-me com tua justiça, para que no dia do juízo eu seja encontrado usando os trajes que me deste e selado com o caráter de meu Irmão Mais Velho. Amém.

JEREMY TAYLOR (1613–1667), "ORAÇÃO A SER FEITA NA CELEBRAÇÃO DO NATAL", EM *VIDA SANTA*, CAP. 4, ORAÇÕES PARA TODO TIPO DE PESSOA

PARA REFLETIR: 2Rs 4.1-7; Mt 13.47-50; 15.1-14; 23.1-15; 2Co 4.1-12; Fp 3.17-21; 1Tm 4.1-10; Tt 1.15—2.1; Tg 1.5-16; 4.5-7; Ap 3.1-6

Uma decisão ativa de cultivar virtudes cristãs é um primeiro passo na vida rumo à retidão. Porém uma decisão ativa de adquirir distinção é um primeiro passo para atrair desprezo e vergonha. Uma pessoa no caminho da santidade cristã não desperdiçará energia em trivialidades patéticas como posição social e aparência externa. Uma pessoa virtuosa emprega o tempo em atividades muito melhores e deixa a busca de tais futilidades a almas mais mesquinhas. Alguém que procura por pérolas não se deterá para recolher conchinhas quebradas.

Sem dúvida qualquer pessoa pode desenvolver a vocação que Deus lhe atribuiu. Não é preciso haver falta de humildade para cumprir uma vocação, desde que isso seja feito com simplicidade e sem arrogância. Nossos navios mercantes que chegam do Peru com ouro e prata muitas vezes trazem papagaios, porque eles quase nada acrescentam ao peso da carga. De modo semelhante, os cristãos que desejam crescer em graça devem empenhar-se na posição e vocação que lhes foram atribuídas sem se tornarem obcecados com tais coisas. Não devem deixar que a preocupação com o reconhecimento os desanime. Que os cristãos que detêm cargos de responsabilidade pública se comportem com prudência e discrição, com caridade e cortesia.

FRANCISCO DE SALES, *INTRODUÇÃO À VIDA DEVOTA*, PARTE 3, CAP. 4

Ó Senhor, nosso Pai celestial, que comandas todas as coisas para nosso bem eterno, em tua misericórdia ilumina nossa mente e dá-nos firme e permanente confiança em tua sabedoria e amor. Silencia nossos tolos murmúrios, aquieta nossos medos turbulentos e dissipa nossas dúvidas inquietas, para que, erguendo-nos acima das aflições e ansiedades, descansemos em ti, a Rocha de nossa salvação e eterna força. Amém.

EXTRAÍDO DO *NOVO LIVRO ECLESIÁSTICO DE ADORAÇÃO* (1876), *ORAÇÕES: ANTIGAS E MODERNAS*

PARA REFLETIR: 1Sm 13.1-15a; Pv 8.13; Is 13.11; Mt 20.17-28; Lc 22.24-27; Rm 6.15-19; 12.9-21; 1Ts 3.13; 4.7

Nada nos conduz mais rapidamente para a humildade diante de Deus do que apreciar a profusão de suas dádivas, assim como nada tende a nos humilhar diante da justiça de Deus mais do que a profusão de nossos erros. Reflitamos sobre o que ele fez por nós e o que fizemos contra a vontade dele. Façamos um inventário da graça de Deus que nos foi concedida ao longo dos anos. Tal exercício depressa eliminará qualquer tendência ao orgulho e à autocongratulação. Uma análise da graça de Deus nos lembrará vivamente da distinção entre o bem que vem de Deus e o bem que vem de nós mesmos.

Lembre-se de que as bestas de carga não deixam de ser bestas de carga só porque transportam o tesouro de um príncipe. Ao contrário, uma gratidão vívida pela graça de Deus que nos é concedida nos torna humildes diante dele, pois a gratidão promove a humildade. Todavia, se, ao analisar a história da graça de Deus em nossa vida, começarmos a nos envaidecer de nós mesmos, o remédio infalível será nos lembrarmos das razões que temos para sermos gratos, bem como de nossas imperfeições e fraquezas.

Assim, regozijemo-nos de tudo o que Deus nos fez e alegremo-nos em dar a ele toda a glória.

FRANCISCO DE SALES, *INTRODUÇÃO À VIDA DEVOTA*, PARTE 3, CAP. 5

Glória ao Senhor, ao que reina sobre tudo, louvor!
Ele te abriga e sustenta, gentil redentor!
Vês que ele envia o que preciso seria
Com sua graça e amor?
JOACHIM NEANDER (1680), DA TRAD. DE
CATHERINE WINKWORTH (1863), HINÁRIO

PARA REFLETIR: Sl 35.18; 106.1-2; Dn 6.10; Lc 1.39-56; 1Co 4.6-7; Ef 5.15-20; Fp 1.3-5; Cl 2.6-7; 3.17; 1Ts 5.18; Hb 13.12-15

Uma boa reputação é apenas uma placa avisando onde mora a virtude. A raiz de uma boa reputação encontra-se na virtude e na honestidade, que sempre farão o bom nome brotar de novo, por mais que tenha sido atacado. Se o seu bom nome está em perigo devido a alguma atividade vã, algum hábito inútil ou alguma amizade prejudicial, então renuncie a essas coisas. Se o difamarem por ser cristão ou por levar uma vida santa, não faça caso do que dizem os difamadores. Tenha a certeza de que, se as acusações deles conseguirem criar suspeitas sobre seu caráter, o seu bom nome logo será recuperado e a navalha da difamação o fortalecerá, assim como a faca de podar fortalece a vinha.

Tenhamos sempre diante dos olhos Jesus Cristo crucificado. Prossigamos no caminho com confiança e simplicidade, mas também com discrição e sabedoria. Se formos dedicados em nosso serviço, nosso Senhor cuidará de nossa reputação. Se ele permitir que a percamos, será apenas para nos conceder dádivas melhores e nos treinar na santa humildade, da qual um punhado vale mais que mil quilos de honra. Não há abrigo mais seguro para o bom nome ou para nossa alma que as mãos de Deus.

Francisco de Sales, Introdução à vida devota, parte 3, cap. 7

Querido Senhor, dá-nos um coração que não se esqueça de teu amor. Que habitemos nele em tudo o que fizermos, no sono ou na vigília, na vida ou na morte, ou ascendendo à vida eterna na ressurreição, pois teu amor é vida eterna e descanso perene. Amém.

Johann Arndt (1555–1621), Orações: antigas e modernas

PARA REFLETIR: Sl 34.13; 52.2; 69.7; Mt 5.11-13; Lc 6.43-45; 2Co 4.1-6; 6.1-11; Ef 4.25-32; Cl 3.1-17; 1Pe 3.10; Ap 12.1

Em todos os assuntos, confie totalmente na providência divina. Só seguindo esse conselho, todos os seus planos terão êxito. Procure agir em calma cooperação com o Senhor. Então descanse, sabendo que, se confiar completamente em Deus, sempre obterá o sucesso que ele considera adequado e produtivo, quer lhe pareça assim, quer não.

Imite uma criança pequena que segura a mão do pai firmemente com uma das mãos enquanto colhe morangos ou amoras silvestres com a outra. Da mesma forma, enquanto você colhe e usa os bens deste mundo com uma das mãos, sempre mantenha a outra firmemente agarrada à mão do Pai celestial. Quer esteja em casa, quer fora, procure-o com o olhar de vez em quando para ter certeza de que o Pai está satisfeito. Tome cuidado para que, na vontade de usar as duas mãos a fim de colher mais, não solte a mão do Pai. Se fizer isso, acabará caindo ao chão. Fixe mais o coração em Deus do que nos morangos e amoras silvestres. Se a sua obra exige atenção completa, faça pausas de vez em quando para olhar para Deus, assim como os navegadores que seguem para o porto olham para o céu em vez de para o oceano em que velejam. Seguindo assim em sua jornada, Deus trabalhará com você, em você e por você, e sua obra será abençoada.

FRANCISCO DE SALES, *INTRODUÇÃO À VIDA DEVOTA*, PARTE 3, CAP. 10

Ó Senhor, nós te suplicamos, abençoa nosso trabalho cotidiano, para que o realizemos com fé e entusiasmo, como se o fizéssmos para ti. Todas as nossas capacidades de corpo e mente são tuas, dedicadas a teu serviço. Santifica-as, assim como o trabalho a que estamos nos dedicando. Dá-nos hoje teu Espírito Santo, para que sejamos teus em corpo e espírito, por Jesus Cristo, nosso Senhor. Amém.

THOMAS ARNOLD (1795–1842), *ORAÇÕES: ANTIGAS E MODERNAS*

PARA REFLETIR: Is 40.1-31; Jl 2.18-19; Jn 2.2-9; Mq 7.7-9; Hc 2.1-5; 3.17-19; Mt 6.26,30-33; Lc 12.4-12,24-28; 1Co 2.9-13; 2Co 9.8-10

"Felizes os pobres de espírito, pois o reino dos céus lhes pertence." Os "pobres de espírito" são pessoas cujo coração é desprovido de desejo por riquezas. Os "ricos de espírito" são pessoas cuja mente está soterrada pelas riquezas.

Acredita-se que o lendário martim-pescador constrói o ninho na forma de uma bola, deixando uma pequena abertura no topo. Ele joga o ninho no oceano, e as ondas o levam sem que a água penetre no interior. De igual modo, nosso coração deve ser aberto apenas para o céu, impenetrável às riquezas e tesouros terrenos. Se você possui tais riquezas, não deixe que seu coração se apegue a elas.

Existe uma grande diferença entre possuir veneno e ser envenenado. Todos os farmacêuticos guardam venenos para usos especiais. Mas nem por isso são envenenados. O veneno está na farmácia, não no farmacêutico. De igual modo, você pode possuir riquezas sem ser envenanado por elas, se não estão em seu coração. Pode ser uma bênção para o cristão ser rico em bens materiais, mas pobre no apego a elas. As riquezas podem ser usadas neste mundo de maneira a evidenciar que seu possuidor vive em diligente expectativa em relação ao mundo por vir.

FRANCISCO DE SALES, *INTRODUÇÃO À VIDA DEVOTA*, PARTE 3, CAP. 14

Deus eterno e santíssimo, Senhor e Soberano de todas as criaturas, humildemente me apresento à tua divina majestade — alma, corpo, pensamentos, palavras, ações, intenções, paixões e sofrimentos — para ser usado por ti para tua glória, para ser abençoado por tua providência, para ser guiado por teus conselhos, para ser santificado pelo Espírito Santo e, depois, para ser recebido na glória. Amém.

JEREMY TAYLOR (1613–1667), "PRIMEIRAS ORAÇÕES MATINAIS", EM *VIDA SANTA*, CAP. 1, ORAÇÕES E DEVOÇÕES

PARA REFLETIR: Dt 6.1-12; Sl 37.16; Pv 16.8; **Mt 5.3**; 6.19-21; 19.16-28; Mc 4.1-20; Lc 12.15; 1Tm 6.4-11,17-19; Tg 5.1-5; 1Jo 3.11-17

As Escrituras e a doutrina cristã ensinam que Deus quer que o amemos. Ensinam sobre os bens que Deus deseja que esperemos, o dano que gostaria que evitássemos, o que ele deseja que amemos e os mandamentos a que devemos obedecer. Ele convida, encoraja, solicita e exorta. Mas não força a obediência. Deus quer que possamos resistir, embora deseje que não resistamos. Deus em nada contribui para nossa desobediência, mas, se queremos obedecer, ele fornece assistência, inspiração, socorro e graça.

O desejo de Deus é um desejo verdadeiro, que não poderia ser expresso de modo mais transparente. Ele preparou um excelente e magnífico banquete, como fez o rei na parábola do evangelho. Por meio de orações, exortações e mensagens urgentes, ele nos convida a chegarmos e sentarmo-nos à mesa do banquete de seu amor. Mas não empurra a carne para dentro de nossa boca e nos obriga a engolir. Assim como aconteceria se um amigo nos tratasse dessa forma, isso seria considerado o máximo da indelicadeza. Desse modo, Deus providenciou tudo de que necessitamos; ele exorta e encoraja. Mas não seremos alimentados à força como se fôssemos animais que se quisesse engordar.

FRANCISCO DE SALES, *TRATADO DO AMOR DE DEUS*, LIVRO 8, CAP. 3

Ó Deus e Pai eterno, ensina-me, suplico-te, por teu Espírito Santo, para que, mesmo que eu tenha perdido tudo morrendo em Adão, eu venha a recuperar tudo recebendo nova vida em Cristo. Permita-me morrer todos os dias para mim mesmo, por meio de mortificação e arrependimento contínuos, e dar-me inteiramente a ti, para que todo bem que perdi seja restaurado por meio de Jesus Cristo, nosso Senhor. Amém.

JOHANN ARNDT (1555–1621), *O VERDADEIRO CRISTIANISMO*,
LIVRO 2, CAP. 34, SEÇÃO 1

PARA REFLETIR: Sl 145.13b-21; 146.5-10; Is 40.11; 41.9-10; Jr 31.1-6; Mt 11.28-30; 18.12-14; **Lc 14.15-24**; Jo 7.37-39; 10.11-15; Hb 2.14-18

Assim como raios de sol não deixam de ser raios de sol quando bloqueados por um obstáculo, a vontade de Deus continua a ser sua verdadeira vontade mesmo quando resistimos a ela e não conseguimos realizar o bem que Deus deseja para nós.

O que significa conformar-se à vontade de Deus? Significa concordar com tudo o que a bondade divina indica sobre as intenções de Deus. Isso inclui acreditar em sua doutrina, esperar em suas promessas, temer seus alertas, e também amar e viver conforme suas determinações e conselhos. Como uma indicação de nosso desejo de nos conformarmos à vontade de Deus, ficamos em pé na igreja quando os Evangelhos são lidos; isso é um claro testemunho de que pretendemos obedecer à santa vontade de Deus como revelada no evangelho de Jesus Cristo. Alguns cristãos chegam a beijar a Bíblia no local onde são colocados os Evangelhos.

Muitos dos primeiros santos levavam junto ao peito, como um cataplasma de amor divino, o evangelho escrito. Em antigos concílios, no centro da assembleia geral de bispos, era erigido um alto trono, e sobre ele era colocado o livro dos Sagrados Evangelhos, representando a pessoa de nosso Salvador: Rei, Doutor, Diretor, Espírito e verdadeiro Coração dos concílios e da igreja.

Francisco de Sales, Tratado do amor de Deus, livro 8, cap. 3

Levanta-te, ó Espírito de Vida, para que por ti comecemos a viver; desce sobre nós e transforma-nos naquele povo que o coração de Deus anseia ver, renovado à imagem de Cristo e indo de glória em glória e graça em graça. Ó Deus, glorifica-te em nós. Amém.

Gerhard Tersteegen (1697–1769), *Orações: antigas e modernas*

PARA REFLETIR: Ne 7.73b—8.5; Os 6.6; 10.12; Jo 1.29-34; 12.20-36; Rm 12.1-2; 2Pe 1.3-11; 3.11-18; 1Jo 2.15-27; Jd 1.20-25; Ap 22.12-17

Deus deixou claro o desejo de que todas as pessoas sejam salvas. Com esse propósito, criou-nos à sua imagem e semelhança, e então se fez à nossa imagem e semelhança na encarnação. Por um amor sem limites, sofreu a morte para redimir toda a humanidade.

A bondade de Deus o leva a conceder liberalmente os benefícios de sua graça e conduzir-nos à alegria de sua glória. Seu prazer é derramar graça e dádivas sobre nós. Verdadeiramente, ele se agrada de estar com os filhos e de cumulá-los de graças. Nossa santificação é sua vontade, e nossa salvação, seu melhor desejo.

Uma igreja triunfante e militante ressoa por todos os lados com louvores ao amor ilimitado de Deus. O corpo sagrado e compartilhado de nosso Salvador — em si mesmo um templo santíssimo da divindade — é decorado com as marcas e sinais de sua benevolência. Quando, em adoração e comunhão, visitamos esse templo divino, a Eucaristia, contemplamos a alegria amorosa que nosso Senhor extrai em estender favores a nós.

Lancemos todos os dias os olhos à vontade amorosa de Deus e, harmonizando nossa vontade com a dele, exclamemos: "Ó Bondade de infinita doçura, como é amável a tua vontade, quão desejáveis os teus favores!".

Francisco de Sales, Tratado do amor de Deus, livro 8, cap. 4

Deus de poder, fonte de toda boa dádiva, derrama em nosso coração o amor do teu nome, para que, aprofundando nosso senso de reverência, tu nutras em nós o que é bom e, com teu solícito cuidado, guardes o que nos deste. Por nosso Senhor Jesus Cristo, teu Filho, que vive e reina contigo, na unidade do Espírito Santo, um só Deus, para todo o sempre. Amém.

"Vigésimo segundo domingo do tempo comum",
Coleta, Missal romano

PARA REFLETIR: Sl 26.4; Lc 22.14-23; Rm 11.33-36; 12.2; 16.25-27; 2Co 9.8-15; 13.14; Cl 1.11-14; 1Tm 1.7; 2Pe 3.8-10; Jd 1.24-25; Ap 1.4-7

Uma vez que Deus expressou claramente sua vontade nos mandamentos, não há nada a fazer exceto obedecer. Em muitos casos, porém, Deus nos dá liberdade para escolher o que nos parece bom, com a ressalva de que devemos escolher o que é mais benéfico, não simplesmente o que é de acordo com a lei.

Todavia, uma tentação incômoda muitas vezes persegue os que desejam fazer a vontade de Deus. O inimigo lança-os na dúvida sobre se devem fazer uma coisa ou outra: vestir roupas cinzentas ou pretas, jejuar na sexta-feira ou no sábado. Seria tolice perder tempo e energia discutindo por causa de centavos quando fazemos uma compra. Isso seria incômodo demais. Deixamos para brigar a respeito de somas elevadas de dinheiro. De igual modo, não devemos atribuir muita importância a cada pequena ação tentando decidir o que agradaria mais a Deus ou que ação seria mais valiosa para o discipulado. Às vezes uma indecisão paralisante como essa se parece mais com uma superstição do que com a ação de filhos de Deus livres.

Não serve melhor o amo aquele que passa mais tempo refletindo sobre o que deve ser feito do que fazendo o que deve ser feito. Graduemos nossa atenção conforme a real importância do que fazemos para o Senhor. Enquanto se preocupam ansiosamente em fazer o melhor, alguns cristãos deixam, de modo não proveitoso, de fazer o bem.

FRANCISCO DE SALES, *TRATADO DO AMOR DE DEUS*, LIVRO 8, CAP. 14

Ó Espírito Santo, ensina-me que crer em Jesus Cristo e segui-lo não é algo apenas verdadeiro e justo, mas também belo, capaz de cumular a vida cristã de novo esplendor e profunda alegria, mesmo em meio às provações. Amém.

ADAPTADO DE PAPA FRANCISCO, *EVANGELII GAUDIUM*, CAP. 3, § 167

PARA REFLETIR: Mt 10.16; 1Co 15.58; Ef 4.15-16; Fp 1.9-11; Cl 1.9-10; 2Tm 3.14-17; Hb 5.12-14; 6.1-2; 2Pe 2.1-22; 1Jo 4.1

A escolha da vocação, os planos de algum negócio de grande alcance ou alguma grande despesa merecem sérias análises a fim de discernirmos a vontade de Deus. Mas tratar assuntos da rotina diária, em que um erro não é nem importante nem irreparável, como religiosamente decisivos é algo improdutivo e imaturo. Por que se torturar com escolhas de alternativas entre as quais não há diferença, como se devo visitar os doentes no hospital ou assistir às vésperas?

Um discipulado cristão maduro requer que se ande livremente na boa fé diante do Senhor, sem exames detalhados de pequenas questões. Basílio, o Grande, nos ensinou a escolher livremente de modo a não atormentarmos nosso espírito, perdermos tempo ou nos colocarmos em risco de ansiedade, paralisia e superstição. Isso sempre se aplica a casos em que não há grande desproporção entre duas linhas de ação.

Mesmo em questões de comprovada importância, devemos escolher humildemente e não pensar que conseguiremos descobrir a vontade de Deus à força ou por meio de manipulação. Tendo buscado a orientação do Espírito Santo, usado nosso melhor discernimento e procurado conselhos sábios, devemos prosseguir firmemente em santa paz e confiança, para a glória de Deus. Mesmo que depois sejamos tentados a pensar que não escolhemos bem, permaneçamos ancorados no Senhor.

FRANCISCO DE SALES, *TRATADO DO AMOR DE DEUS*, LIVRO 8, CAP. 14

Ó amor eterno, minha alma busca-te e elege-te por toda a eternidade! Vem, Espírito Santo, e inflama meu coração com teu amor! Ó Salvador, que eu cante eternamente: "Amo a Jesus, que vive e reina para todo o sempre". Amém.

FRANCISCO DE SALES, *TRATADO DO AMOR DE DEUS*, LIVRO 12, CAP. 13

PARA REFLETIR: Sl 119.29-40; Mt 6.25-34; Jo 15.12-17; Rm 15.13; 1Co 15.1-11; Ef 4.11-16; Cl 3.1-25; 2Ts 3.1-18; Hb 12.1-11

Há cristãos que expressam a vontade de executar grandes serviços e suportar extraordinários sofrimentos por nosso Salvador. Mas os verdadeiros sofrimentos que estão dispostos a suportar são tais que nunca surge a ocasião de realizá-los e talvez nunca surja. Não obstante, com base apenas em seus projetos, acreditam que executaram grandes obras de amor. Em sua imaginação, carregam cruzes pesadas no futuro, mas evitam cuidadosamente os fardos de pequenas cruzes no presente. Não é uma tentação extrema ser corajoso em imaginação, mas covarde na execução?

Ah, que Deus nos livre dessas realizações imaginárias que muitas vezes alimentam o vão e secreto amor-próprio! Grandes obras de amor raramente surgem em nosso caminho, mas a cada momento podemos fazer pequenas obras com perfeição. Rogo-lhes que contemplem o santo que dá um copo de água em nome de Jesus. A simples água se converte em água da vida.

As abelhas recolhem o mel do lírio e da rosa, mas também das florzinhas de alecrim e tomilho. Na verdade, elas extraem não somente mais mel, mas mel melhor dessas florzinhas. Nas pequenas e simples obras de devoção, o amor não só é mais frequentemente praticado como também geralmente de modo mais humilde e, em consequência, mais benéfico e santo.

FRANCISCO DE SALES, *TRATADO DO AMOR DE DEUS*, LIVRO 12, CAP. 6

Ó Senhor Deus Todo-poderoso, suplicamos e imploramos que aperfeiçoes dentro de nós tua graça. Derrama em nossas mãos a dádiva de tua piedade e compaixão. Que tua graça e terna misericórdia sejam para o perdão das ofensas de teu rebanho, ó bom Amigo da humanidade, ó Senhor de todos. Amém.

ADDAI E MARI, A LITURGIA DOS BENDITOS APÓSTOLOS (C. 150 D.C.)

PARA REFLETIR: Mt 13.1-9; 26.41; Ef 6.10-20; 1Tm 6.11-21; 2Tm 2.1-16; 3.1-5,10-15; Tg 3.1-5a; 4.6-10

METROFÁNES CRITOPOULOS DE ALEXANDRIA (1589–1639)

São poucas as figuras da ortodoxia oriental que poderíamos incluir na Era das Reformas. Metrofánes Critopoulos de Alexandria é uma excelente exceção. Seu testemunho de fidelidade a Cristo e ao evangelho sob condições de opressão se aproxima ao de fidedignas testemunhas cristãs ao longo dos séculos.

Critopoulos foi um teólogo da Igreja Ortodoxa do Oriente nascido em Bereia, atual Véria, uma cidadezinha ao norte da Grécia. Trata-se da mesma Bereia onde Paulo e Silas fundaram uma igreja em que participavam "vários gregos de alta posição, tanto homens quanto mulheres" (At 17.12). Quando Critopoulos era jovem, ele e o tio se mudaram para Tessalônica, a sessenta quilômetros de Bereia. Aos 17 anos, tornou-se monge no Monte Atos, o monte sagrado dos monges ortodoxos. Sete anos depois, Cirilo Lucaris, patriarca de Alexandria, levou Critopoulos para o Egito para aprofundar sua educação teológica. Cirilo recebeu uma carta da Inglaterra pedindo-lhe que enviasse um grego para estudar lá. O patriarca enviou Critopoulos. Ele estudou na Universidade de Oxford de 1617 a 1623 e depois na Alemanha.

Critopoulos dialogou bastante com líderes protestantes na Europa e ajudou a explicar a teologia ortodoxa para o Ocidente. Esperava unificar a ortodoxia e o protestantismo da Europa Ocidental. Durante uma temporada em Helmstedt, na Alemanha (1624–1625), escreveu *Confissão da Igreja Católica Apostólica Oriental*. Com um tom até certo ponto protestante, a *Confissão* era uma explicação da fé ortodoxa para o Ocidente. O livro é identificado como uma das principais declarações doutrinais ortodoxas a surgirem desde 787 d.C. Tornou-se fonte amplamente utilizada para o ensino da teologia ortodoxa (Ware, *The Orthodox Church*, p. 211). Critopoulos e seu mentor e amigo, o patriarca Cirilo, procuraram incorporar a teologia reformada (calvinista) à doutrina da Igreja Ortodoxa do Oriente. Em 1636, Critopoulos foi eleito patriarca de Alexandria.

A Grécia em que Critopoulos viveu era governada por turcos muçulmanos do Império Otomano. Os turcos tornavam a vida dos cristãos muito difícil. Em carta a amigos alemães, Critopoulos forneceu uma descrição vívida das condições de opressão sob as quais ele e seus companheiros cristãos viviam. Mesmo assim, eles tinham liberdade religiosa e de administração eclesiástica, ainda que em circunstâncias extenuantes. A fé vibrante e vitoriosa dos cristãos de Bereia, não a opressão a que estavam submetidos, é a característica mais importante da carta de Critopoulos.

Na carta aos amigos alemães, Critopoulos relatou que os turcos invasores haviam "nos impedido de aprender e de praticar as profissões liberais; eles nos tiraram toda a riqueza e boa sorte; jogaram sobre nós pesados fardos impossíveis de suportar. [...] Obrigam-nos a providenciar cavalos, navios e provisões para seu exército e marinha. [...] Tiram de nós tudo o que querem, um belo cavalo, um touro forte, um bode, uma mula. A vida sob seu jugo é pior do que a morte.

"Apesar de tudo o que sofremos, a Igreja de Cristo permanece firme na fé. Permanece firme sobre a rocha sólida que é Jesus Cristo, nosso Senhor. Aferra-se ao ensinamento de Cristo, zomba e escarnece dos tiranos ou perseguidores. Os portões de Hades jamais prevalecerão contra ela, pois ela possui alicerces fortes. Além disso, esperamos nossa libertação, não dos humanos (já que 'todo socorro humano é inútil'), mas do próprio Senhor, e logo. [...] Pois ele visitará sua igreja e a libertará do jugo de tirania e escravidão. Ele a restaurará à antiga condição; mais ainda, a um estado melhor, pois ele abençoou o final da vida de Jó mais do que o início".

Metrofánes Critopoulos, citado por Colin Davey, Pioneiro da unidade

---

Deus de toda graça e paz, molda-me como desejas que eu seja; reforça minha fé, confirma minha esperança e aumenta a cada dia meu amor para que eu te sirva conforme todas as oportunidades e capacidades, crescendo de graça em graça, até que, ao final, por tua misericórdia, receba a culminação e perfeição da graça, até as glórias de teu reino. Amém.

Jeremy Taylor (1613–1667), "Outra forma de oração matinal", em Vida santa, cap. 1, Orações e devoções

---

PARA REFLETIR: Mt 16.13-20; 1Co 6.19-20; Ef 1.22; 2.19-22; 4.1-6,15-16; 1Tm 6.11-16; 1Pe 3.8-18; Ap 2.8-17; 5.6-10; 6.9-11

JEREMY TAYLOR
(1613–1667)

Jeremy Taylor nasceu em Trinity Parish, Cambridge, filho de Nathaniel e Mary Taylor. Dotado de uma invejável capacidade de aprender, aos 13 anos entrou na Universidade de Cambridge. Seus dons consideráveis atraíram a atenção e o patronato do arcebispo Laud quando Taylor trabalhou como professor substituto na Catedral de São Paulo, em Londres. Com o apoio de Laud, entrou em Oxford para obter o grau de mestre.

Durante a vida de Taylor, ocorreram uma guerra civil e ferozes conflitos dentro da igreja. Muitos, diz ele em *Vida santa*, haviam desistido da igreja. A descrença frequentemente assumia o nome de imparcialidade. Havia muitas formas de piedade, mas seu poder era insuficiente. Muitos preferiam "um erro próspero" a "uma verdade atormentada". Ele viu a fé dos santos pintada nos estandartes de conflitos entre seitas. A religião do Príncipe da Paz havia sido expulsa da igreja e forçada a residir em templos nômades "cobertos com peles de animais e cortinas rasgadas". Quando a religião "veste armadura", ele alertou, pode ter "o poder da espada, mas não o poder da piedade". Taylor conhecia apenas uma solução verdadeira: "a irmandade dos sofrimentos de Cristo e o retorno do Deus de paz" (*Vida santa*, introdução ao cap. 1).

No entanto, não há como negar o fato de que Jeremy Taylor também se envolveu em conflitos religiosos encarniçados. Ele era realista (leal ao rei e não ao Parlamento, os "cabeças redondas") durante a Guerra Civil Inglesa (1642–1651) e serviu como capelão ordinário de Carlos I (r. 1625–1649). Foi preso brevemente depois da derrota dos realistas em 1645 e seria novamente preso mais duas vezes, a última vez na Torre de Londres. Para escapar à atmosfera de conflito, Taylor se tornou diretor de uma escola em Gales e serviu como capelão pessoal do Conde de Carbery, em cujo lar viveu. Autorizado a visitar Carlos I na prisão antes da decapitação do rei (30 de janeiro de 1649), recebeu de Carlos como presente um relógio e alguns rubis. Enquanto esteve a serviço do conde, Taylor escreveu *A liberdade de profetizar* (1647), um apelo em nome da tolerância religiosa, e *O grande modelo* (1649). Em 1650, escreveu *A regra e os exercícios da vida santa*, seguido em 1651 por *A regra e os exercícios da morte santa*. Esses dois livros se tornaram clássicos da devoção cristã. *Vida santa* era muito estimado por John Wesley pelo aspecto devocional, e por literatos como Samuel Taylor Coleridge pelo valor literário. A ocasião marcante para a redação de *Morte santa* foi a morte da esposa do conde de Carbery. Caracteriza-se por uma prosa que soa como poesia (p. ex., os mártires "beijaram suas estacas e abraçaram suas mortes"). Em parte voltado ao ensino e em parte um sermão memorial, o livro ensina os cristãos a morrerem como "cristãos". Outros livros se seguiram: *O bosque dourado* (1655), *O digno comungante* (1660) e *A regra de consciência* (1660).

Depois que as três guerras civis inglesas terminaram e a monarquia inglesa, irlandesa e escocesa fora restaurada sob Carlos II (r. 1660–1685), Taylor foi nomeado bispo de Down, Connor e Dromore, na Irlanda. Foi também eleito vice-reitor da Faculdade da Trindade, em Dublin. Durante seu bispado, Taylor travou um combate sem tréguas com os presbiterianos, que se recusavam a reconhecer a autoridade episcopal. Eles rejeitavam a doutrina da sucessão apostólica sob a qual se estabelecia o episcopado. Acreditavam que o Novo Testamento iguala "presbítero" e "bispo", enquanto os anglicanos consideram que são duas formas distintas de sacerdócio. Mas, apesar da controvérsia, Taylor jamais abandonou o compromisso com a justiça. As diferenças religiosas, ele acreditava, nunca devem se transformar em pretexto para privar as pessoas de seus direitos.

(Taylor afirmou os princípios a seguir durante um período em que a ordem religiosa e política estava sendo restaurada na Irlanda, na década de 1660.)

Não se pode obedecer a Deus a não ser que se faça justiça, pois fazer justiça é melhor que sacrificar, disse Salomão. Cristo, que é o Sol da Justiça, é Sol e Escudo para os que agem de modo justo.

Façam o que fizerem, não deixem que as divergências religiosas os convençam de que é lícito privar uma pessoa de seus direitos. Não opiniões, mas leis, e fazer aos outros o que eles gostariam que lhes fizessem são as medidas da justiça. Só a justiça exige que tratemos de modo igual todas as pessoas — judeu e cristão, luterano e calvinista — se pretendemos ganhá-los para o nosso lado. Tenham certeza de que, se agirmos de modo injusto com pessoas de postura religiosa diferente, elas odiarão tanto a nós quanto à nossa religião.

Devemos ser tão justos quanto a lei, e tão misericordiosos quanto o evangelho. Não há outra forma de unir os dois além de seguir o Sermão do Monte, ou seja, fazer como Deus faz: quando estiver julgando, lembrar-se da misericórdia.

Jeremy Taylor, citado em "Esboço da vida e época do bispo
Taylor", em Vida santa, prefácio

Habita em nós, ó Espírito de amor, e expulsa de nossa alma toda raiva, inveja e rancor amargo. Sê nosso Consolador nas tribulações, quando os vagalhões rolam por sobre nossa cabeça; sê nossa Força na hora da fraqueza, e fortalece-nos para que controlemos os desejos da carne. Que cresçamos em fé e amor, em esperança, paciência e humildade. Nosso coração está aberto diante de ti; entra agora com tuas ricas dádivas. Habita nele e faz dele o teu templo. Amém.

Johann Friedrich Stark (1680–1756),
Orações: antigas e modernas

PARA REFLETIR: Sl 37.27-29; **Pv 21.3**; Is 9.2-7; 29.18-21; Am 5.6-7,18-20; Mq 6.6-8; **Mt 5.1—7.27**; 23.27-39; Tg 2.1-17; 4.1-6; 5.1-11

É urgente que toda pessoa se lembre de que Deus lhe concedeu uma natureza excelente, que inclui consciência, sabedoria, faculdade de escolha e um espírito imortal. Deus fez dos humanos mordomos de toda a criação e só um pouco inferiores aos anjos. Deus também nos atribuiu uma obra e serviço grandes o bastante para empregar as habilidades que nos deu e projetou para nós uma vida após esta — uma meta à qual chegaremos apenas cumprindo obedientemente a vontade de Deus. Como toda pessoa já é propriedade de Deus em virtude da criação, todos os trabalhos e cuidados, todos os poderes e habilidades devem ser totalmente empregados a serviço de Deus. Então, quando esta vida se completar, poderemos morar com nosso Senhor para sempre.

Todos devem prestar contas da situação de sua alma diante de Deus conforme mostra o evangelho, não conforme os decretos de alguma igreja. Uma pessoa pode ser membro de uma igreja e cumprir suas exigências externas sem ser um membro de Cristo. Somente se somos membros de Cristo podemos ter certeza de que somos membros de sua igreja. Uma pessoa é um membro de Cristo se acredita e foi batizada em todos os preceitos de Cristo, se estuda para aperfeiçoar o conhecimento de Cristo e se procura levar uma vida santa.

Jeremy Taylor, Vida santa, introdução ao cap. I

Ó Deus, que nos ensinaste que tu habitas nos corações sinceros e retos, concede-nos que sejamos moldados por tua graça de tal modo que nos tornemos morada agradável a ti. Por nosso Senhor Jesus Cristo, teu Filho, que vive e reina contigo, na unidade do Espírito Santo, um só Deus, para todo o sempre. Amém.

"Sexto domingo do tempo comum", Coleta, Missal romano

PARA REFLETIR: 1Sm 15.22; Mt 7.21-27; 12.33-37; 16.24-28; Mc 8.34-38; Rm 12.1-2; 16.17-20; Ef 4.1-6; 1Ts 3.11—4.8; Hb 3.1-19; 12.5-6

Um dia precisaremos ficar diante do Grande Juiz de seres humanos e anjos para prestar contas de como utilizamos o curto tempo que ele nos deu na terra. Essa verdade não pretende ser uma armadilha ou tormento que anule a importância das vocações que Deus nos atribuiu. Não se destina a nos lançar em um medo paralisante de que possamos não estar usando todos os momentos para fins religiosos específicos.

Deus organizou nossa vida de tal forma que podemos servi-lo perpetuamente por meio de nossas vocações. Todas as vocações honradas atendem a necessidades que se encontram na natureza e na vida humana. Lavradores, artesãos, comerciantes, todos esses e muitas mais, em suas várias missões, são ministros da divina providência. São mordomas da criação e servas da grande família de Deus. A seu modo, funcionários do governo, sacerdotes, juízes e policiais estão fazendo as obras de Deus quando têm em vista as leis de Deus e quando agem de modo caridoso. Até os grandes desafios que enfrentamos em nossas vocações e responsabilidades podem se tornar instrumentos para realizar a obra de Deus.

Ninguém pode dizer que não dispõe de meios para glorificar a Deus; é possível fazer isso no lugar que Deus lhe atribuiu.

Jeremy Taylor, Vida santa, cap. 1, seção 1

Ó Deus eterno, que fizeste todas as coisas para o ser humano e o ser humano para tua glória, santifica meus pensamentos e intenções, minhas palavras e ações, para que tudo o que eu pense, fale ou faça seja designado para glorificar teu nome. Que a oferta que faço de mim mesmo seja frutífera na obra de Deus, conforme as possibilidades. Que a bênção, a honra, a glória e o poder estejam com Deus, o Pai, Deus, o Filho, e Deus, o Espírito Santo. Amém.

Jeremy Taylor (1613–1667), "Oração para a santa intenção", em Vida santa, cap. 1, Orações e devoções

---

PARA REFLETIR: Ne 3.1-32; Rm 12.4-8; 1Co 6.19-20; Ef 4.1-3; 1Ts 4.11-12; 2Ts 3.6-13

Em todas as nossas ações e intenções devemos buscar glorificar a Deus. O apóstolo Paulo recomendou: "Quer vocês comam, quer bebam, quer façam qualquer outra coisa, façam para a glória de Deus". Quando vivemos de acordo com esse conselho, todas as atividades humanas assumem uma característica religiosa; toda a vida — até mesmo fazer uma refeição — torna-se um ato de devoção. E esse ato será recompensado devidamente. Bendita seja a infinita graça e bondade de Deus, que do desejo de redimir a humanidade fez até mesmo as obras da natureza capazes de se tornar virtuosas.

A graça de Deus é tão maravilhosa que santifica as ações mais comuns de nossa vida e, ainda assim, é tão necessária que sem ela nossas melhores ações são mal direcionadas e infrutíferas. Por exemplo, uma pessoa hipócrita que dá esmolas apenas por dever ou para ser elogiada. O mesmo acontece com todo o que jejua para ser notado, e não buscando glorificar a Deus.

Nenhuma tarefa secular profana nossa intenção de glorificar a Deus, a não ser que contradiga o caráter e a vontade divina. Uma meta ou intenção verdadeiramente santas santificam todas as nossas ações seculares e lhes dão significância. Pretender glorificar a Deus em tudo o que fazemos é comparável ao relacionamento entre a raiz e a árvore, a alma e o corpo, a fonte e o rio.

Jeremy Taylor, Vida santa, cap. 1, seção 2

Ó Deus eterno, santifica-me, corpo e alma. Que nenhum orgulho ou egoísmo, nenhuma cobiça ou vingança, nenhum objetivo impuro poluam meu espírito. Deixa-me ser teu servo, de modo que, tudo fazendo para tua glória aqui, eu compartilhe de tua glória vindoura, por meio de Jesus Cristo, nosso Senhor. Amém.

Jeremy Taylor (1613–1667), "Oração para a santa intenção",
em Vida santa, cap. 1, Orações e devoções

PARA REFLETIR: Sl 19.1-4; 33.4-9; Rm 8.22-27; **1Co** 1.2-3; 2.12-16; **10.31-33**; Cl 1.16-20; 1Ts 5.23; 2Ts 2.13-16; 2Tm 2.21

O desejo por prazeres sensuais enfraquece o espírito e torna-o incapaz de atividades nobres e cristãs. A razão é clara: o ímpeto que instiga o prazer prefere o sensual ao espiritual. Deixado a si próprio, o prazer não será disciplinado e educado. Os apetites se precipitam à frente da razão; os sentidos correm à frente da alma.

Quando não é disciplinado, o prazer cega o entendimento e escraviza a vontade. Todavia, a pessoa que sabe que é livre e redimida pelo sangue do Filho de Deus não se permitirá ser enredada, escravizada e explorada pelo prazer. Isso seria contrário à vida santa. Os cristãos devem sempre lutar contra o inimigo, combatê-lo e sobrepujá-lo, se esperam receber a coroa da vida.

A escravização ao que é prazeroso é o maior obstáculo ao martírio cristão, ao caminho da cruz. Uma pessoa deve ter crucificado os afetos inferiores antes de poder esperar ser crucificada com Cristo. Aquele que é vencido por pequenas dores dificilmente consentirá em perder a vida por Cristo.

Jeremy Taylor, Vida santa, cap. 2, seção 1

Ó Senhor, conhecer-te é a vida eterna. Ah, que essa chama nunca se apague em nosso coração; que ela aumente e se torne mais brilhante, até que todo o nosso ser incandesça com a luz e calor de teu amor. Sê nossa Alegria e Esperança, nossa Força e Vida, nosso Escudo e Pastor, e nossa Herança para sempre. Felizes seremos se persistirmos naquele amor com o qual tu nos amaste. Assim, ó Santo, cujo nome e essência é Amor, ilumina nosso entendimento, santifica nossa vontade e povoa os pensamentos de nosso coração, em nome de Jesus Cristo. Amém.

Johann Arndt (1555–1621), Orações: antigas e modernas

PARA REFLETIR: Sl 86.11; 101.3; Is 58.1-14; Mt 6.22-25; Lc 8.4-15; Rm 12.1-2; 1Co 9.24-27; Gl 2.20; 5.16-21; 1Ts 4.1-9; 1Tm 6.17-20

Acostume-se a cuidar para não gastar de modo extravagante consigo mesmo. É certo que, deixado sem controle, o desejo sempre se expandirá além de seu âmbito atual. Se permitir que os desejos cresçam além do razoável, o crescimento jamais terá fim. Devemos dar mais atenção a encurralar nossos desejos do que a satisfazê-los. Cerque-os e serão menos importunos e irracionais no futuro. Se não conseguir governar os desejos quando a força deles é pequena, como os governará quando sua força aumentar?

Crie o hábito de examinar os prazeres não apenas do lado que dá para o sol, quando eles parecem mais atraentes e agradáveis, maquiados, sorrindo e cobertos de joias, mas também do lado oposto ao sol, quando os prazeres estão nus e exaustos. Encha as velas da alma com desejos e valores que são eternos. Que o paraíso seja a estrela pela qual guia sua vida. Tome Cristo, os apóstolos, Moisés e os sábios de todos os tempos como exemplos.

JEREMY TAYLOR, *VIDA SANTA*, CAP. 2, SEÇÃO I

Ó Senhor, concede que meu coração seja verdadeiramente purificado e preenchido com teu Espírito Santo, e que eu te sirva em confiança e submissão à tua vontade, pronto a viver ou morrer. Permite-me viver a cada dia, sem me preocupar demais com os assuntos deste mundo, mas sabendo que meu tesouro não está aqui e desejando verdadeiramente reunir-me a ti no reino dos céus, junto com os santos que estão contigo. Ó Senhor, guia-me por meio de teu Espírito e preserva-me em fiel obediência, por Jesus Cristo, teu Filho, nosso Senhor. Amém.

THOMAS ARNOLD (1795–1842),
ORAÇÕES: ANTIGAS E MODERNAS

PARA REFLETIR: Jr 22.13-14; Am 4.1-3; 6.4-7; Lc 16.1-15; 1Co 9.19-26; 10.23—11.1; Gl 5.13-15; 1Ts 5.1-11; 2Tm 1.3-7; Tg 4.1-6

Que pessoa sábia não preferiria uma pequena fortuna com paz a uma imensa fortuna com disputas e violência? Se você quiser obter contentamento de espírito, precisa aprender a medir e conter os desejos. Eles devem ser governados por suas necessidades, em vez de suas necessidades serem governadas por suas fantasias. A pessoa que usa um arado para lançar uma flecha ou um elefante para caçar um coelho seria considerada irracional por escolher a arma errada, não por escolher o alvo errado. O mesmo é verdadeiro para a pessoa que tenta satisfazer apetites e desejos que vêm não do que é natural e razoável, mas de "necessidades" artificiais e imaginárias. "Necessidades" artificiais são insaciáveis. A natureza não pretende que o contentamento seja alcançado dessa forma. Acaso uma vaca que tenha três montanhas para pastar está em melhor situação que uma abelha que todas as manhãs se alimenta do orvalho que cai do céu? Pode alguém matar a sede melhor bebendo água de um rio em vez de um cântaro? A cobiça corrompe a natureza tornando nossos apetites impacientes e insaciáveis.

Crie necessidades que nem Deus nem a natureza criaram e construirá um reservatório infinito de problemas. Aquele cujas fantasias se voltam ao que está além de suas necessidades não deve culpar a Deus pela própria estupidez.

Jeremy Taylor, Vida santa, cap. 2, seção 6

Darei graças ao Senhor de todo o coração, alegremente entre os fiéis. Porque a salvação pertence a ti, meu Deus, entrarei em tua casa lembrando-me da profusão de tuas misericórdias; em temor piedoso, adoro-te em tua santa presença. Pois todas as coisas são de ti, em ti, por ti e para ti. Amém.

Jeremy Taylor (1613–1667), "Devoções especiais", em Vida santa, cap. 4, Orações para todo tipo de pessoa

---

PARA REFLETIR: Pv 28.25; Mt 6.25-34; Jo 6.25-27; Rm 1.16-32; 9.22-23; Fp 3.7-8; 4.11-12; 1Tm 6.2b-11; Hb 13.5; Tg 4.2

FRANÇOIS FÉNELON
(1651–1715)

Para uma árdua lição de integridade, recorramos a François de Salignac de La Mothe-Fénelon, ou François Fénelon, que, apesar de alcançar proeminência invejável na igreja, escolheu sofrer uma grande perda em vez de abandonar seus princípios morais. Fénelon suportou a rejeição de um rei, demonstrou moderação para com protestantes franceses tratados com desprezo, desistiu de uma amizade que lhe era cara para defender uma pessoa que havia sido falsamente acusada e morreu banido pelo rei.

Dotado de imaginação e gênio, François Fénelon tinha as credenciais necessárias para um alto cargo eclesiástico vitalício. Nascido em uma longa linhagem da nobreza francesa, era bem-educado e bem-relacionado. Foi educado no seminário de São Sulpício, em Paris, e ordenado sacerdote em 1676. Naquela época, a Igreja Católica na França procurava convencer os protestantes a retornarem ao catolicismo. Fénelon se tornou chefe das Novas Católicas, uma instituição voltada a catequizar mulheres protestantes que haviam se reconvertido à fé católica. Em 1685, Luís XIV (r. 1643–1715) revogou o Edito de Nantes, promulgado em 1598 por Henrique IV (r. 1589–1610), a fim de garantir tolerância aos protestantes franceses. As perseguições se alastraram. Entretanto, em vez de endossar a coerção, Fénelon encontrou-se publicamente com protestantes e procurou persuadi-los a retornarem.

Com o apoio de seu eminente amigo, o bispo Jacques-Bénigne Bossuet (1627–1704), Fénelon se tornou tutor de Luís, duque da Borgonha, de 7 anos de idade, neto de Luís XIV e segundo na linha de sucessão ao trono. Para ensinar o jovem príncipe, Fénelon escreveu *As aventuras de Telêmaco*, sua obra mais famosa. Esse épico ficcional, ambientado na Grécia antiga, narra as viagens educativas de Telêmaco, filho de Ulisses, e seu professor, Mentor, que faz vários discursos ao longo do livro. Falando por meio de Mentor, Fénelon ataca os excessos da corte aristocrática que dominava as culturas europeias. Defende a irmandade de todas as pessoas e conclama o fim dos abusos econômicos e da opressiva taxação dos camponeses. Advoga o fim da monarquia absoluta e a instalação de uma forma parlamentar de governo. Depois de publicado em 1699, o livro estimularia o surgimento do movimento romântico do século 18 e influenciaria a filosofia política de Jean-Jacques Rousseau (1712–1778).

Antes da publicação do livro, Fénelon ganhou renome em círculos oficiais. Em 1693, foi eleito para a Academia Francesa de Letras e, em 1696, foi nomeado arcebispo de Cambrai. Insatisfeito com sua vida religiosa pessoal, Fénelon procurou um conhecimento mais profundo do Deus que ele havia defendido intelectualmente. Em 1688, conheceu Madame Guyon (1648–1717), líder de um movimento conhecido como quietismo. Guyon ensinava aos seguidores como, por meio da oração, obter submissão completa à vontade de Deus. Tornou-se amiga e instrutora de Fénelon. Mas o bispo Bossuet, junto com importantes membros da corte, opunha-se implacavelmente a Guyon e ao quietismo, alegando que o movimento solapava o crescimento ativo e contínuo das virtudes cristãs. O bispo iniciou um ataque prolongado que, por fim, levou à prisão de Madame Guyon. Arriscando-se a romper completamente a amizade com Bossuet, Fénelon escreveu *Explicação das máximas dos santos sobre a vida interior* (1697), em que defendeu a integridade e ortodoxia de Guyon. Ele mostrou que, desde o início, os santos haviam sustentado posições semelhantes às de Guyon. Embora Fénelon alertasse contra qualquer forma de santidade cristã que se desviasse da Palavra de Deus, ele declarou que os santos acreditavam que uma "alma santa [...] deixa de ter desejos por qualquer coisa que não seja a vontade de Deus" (art. 6). Contrariamente às acusações de Bossuet, Fénelon demonstrou que os cristãos "aperfeiçoados no amor" nunca cessam de "crescer em graça" e desenvolver virtudes cristãs (art. 5). Sua defesa de Guyon lhe custou a amizade de Bossuet e provocou uma denúncia pública. Bossuet foi bem-sucedido em suas pressões para que o livro fosse condenado em Roma (1699).

Em 1699, quando *As aventuras de Telêmaco* foram publicadas, os leitores entenderam de imediato que a denúncia dos abusos monárquicos contida no livro era dirigida a Luís XIV. Somando-se às *Máximas*, *Telêmaco* irritou tanto Luís que este baniu Fénelon para Cambrai, onde, com a exceção de raros e breves períodos, passou o resto da vida.

Deus, que nos criou do nada, recria-nos, por assim dizer, a cada momento. Daí não se segue que, porque existimos ontem, existiremos hoje. Se não fosse pela obra criativa do Todo-poderoso, que mantém todas as coisas, deixaríamos de existir e voltaríamos ao nada do qual Deus nos formou. Em nós mesmos nada somos; somos o que Deus criou, e apenas enquanto ele nos sustentar. Se Deus afastar a mão que nos sustenta, cairemos no abismo da aniquilação. Pense em como uma pedra cai quando seu apoio é removido. Existimos apenas porque a vida é concedida por Deus momento a momento.

Existem bênçãos, contudo, de uma importância mais pura e mais elevada que a mera existência. Uma vida bem-ordenada é muito mais importante. A virtude é muito mais valiosa que a saúde física. Um coração reto e o amor a Deus situam-se tão acima dos bens temporais em valor quanto os céus estão acima da terra. Se, então, nossa mera existência física é mantida apenas pela misericórdia de Deus e a seu bel-prazer, quão mais será isso verdadeiro da dádiva sublime de seu amor!

Eles não te conhecem, ó meu Deus, aqueles que te consideram um ser todo-poderoso, mas ignoram que és o Deus do coração.

François Fénelon, *Conselho aos cristãos*, cap. 2
(*Progresso espiritual*)

Concede, ó Deus todo-poderoso, que, considerando sempre as coisas espirituais, realizemos o que te agrada, em palavras e ações. Por nosso Senhor Jesus Cristo, teu Filho, que vive e reina contigo, na unidade do Espírito Santo, um só Deus, para todo o sempre. Amém.
"Sétimo domingo do tempo comum", Coleta, *Missal romano*

PARA REFLETIR: Ne 9.6; Sl 104.24; Jo 1.1-5; Rm 1.19-20; Cl 1.15-20; 1Tm 4.7-10; 6.11-16; 2Tm 2.1-14,20-23; 4.6-8; Hb 1.4; Ap 1.8; 4.11

O puro amor deseja que Deus conceda o que precisamos, não o que queremos. Deseja também que Deus preste menos atenção a nossa fragilidade que a nossas intenções. Recebemos a garantia de que o Espírito Santo intercede por nós conforme a vontade de Deus, pois não sabemos orar como deveríamos. Em nossa ignorância, frequentemente pedimos o que, na verdade, nos prejudicará ou criará em nós uma tola confiança em nossa própria força ou perfeições.

O amor a Deus encobre nossos defeitos insignificantes e nos purifica como um fogo consumidor. Ele nos conduz e nos rende às operações da graça. O amor nos coloca inteiramente à disposição de Deus e nos prepara para seus desígnios. O que Deus dá é precisamente o que deveríamos ter desejado, de todo modo. Essa disposição é a essência da oração; é a obra do coração que subordina todos os desejos à vontade de Deus. O Espírito Santo ora dentro de nós por aquelas mesmas coisas que deseja nos dar. Mesmo quando estamos ocupados com as responsabilidades da vida e nossos pensamentos estão voltados às tarefas diárias, ainda assim carregamos dentro de nós um fogo que arde e que não pode ser extinto. Ele alimenta uma prece incessante e é como uma luminária ardendo continuamente diante do trono de Deus.

François Fénelon, Conselho aos cristãos, cap. 4
(Progresso espiritual)

Nós te suplicamos, ó Senhor, deixa nosso coração ser iluminado em tua graça por teu santo esplendor, para que te sirvamos sem medo em santidade e justiça todos os dias de nossa vida, a fim de que, assim, escapemos das trevas deste mundo e, com tua orientação, alcancemos a terra do brilho eterno; por meio de tua misericórdia, ó bendito Senhor, que vives e governas todas as coisas, por toda a eternidade. Amém.

Breviário Sarum (1085 d.C.),
Orações: antigas e modernas

PARA REFLETIR: Gn 22.2-14; Mt 6.5-8; 7.21; Mc 14.35-36; Jo 15.1-7; **Rm 8.26-27**; Tt 3.5; 1Pe 5.6-10

Comparemos nossa vida com a de Jesus Cristo, lembrando-nos de que ele é Mestre e nós somos seus servos, mas também de que ele foi humilhado para que pudéssemos ser exaltados. Trilhemos o caminho que nosso Salvador indicou.

Como, porém, podemos esperar encontrá-lo se não o buscarmos sob as condições de sua vida terrena: na solidão e no silêncio, na pobreza e no sofrimento, na perseguição e no desprezo, na autodoação e na cruz? Os santos que existiram antes de nós encontraram Cristo no esplendor de sua glória. Mas só depois de haver habitado com ele na terra, sofrendo os vitupérios que lhe foram lançados, é que podemos esperar habitar com ele na glória.

Ser cristão é ser um imitador de Jesus. Como é possível imitá-lo se não em sua humilhação? Podemos adorá-lo como onipotente, temê-lo como justo, e amá-lo de todo o coração como bom e misericordioso. Mas só podemos imitá-lo como humilde, submisso, pobre e rejeitado.

Não suponhamos que possamos fazer isso com nossas próprias forças. Encontremos nossa força nele, que se tornou fraco para que fôssemos fortes. Lembremo-nos de que podemos fazer tudo por meio de Cristo, pois ele nos fortalece.

François Fénelon, Conselho aos cristãos, cap. 5
(Progresso espiritual)

Ó Jesus, deixa-me seguir teus passos! Meu anseio é imitar-te, mas não posso fazer isso sem a ajuda de tua graça! Ó humilde e modesto Salvador, concede-me a sabedoria do verdadeiro cristão e que eu possa me entregar voluntariamente a ti; deixa-me aprender a lição, tão incompreensível à mente humana, de que devo morrer para mim mesmo antes que possas gerar a verdadeira humildade. Amém.

François Fénelon, Conselho aos cristãos, cap. 5
(Progresso espiritual)

PARA REFLETIR: Is 52.1—53.12; Mt 27.45-54; Mc 9.33-37; Lc 2.1-7; 9.58; 14.7-14; 22.14-27; Ef 4.2; **Fp** 2.3-11; **4.13;** Cl 3.12; 1Pe 5.6

A humildade é uma bênção para os que a recebem na sólida fé, pois nosso Senhor concede sua graça aos humildes. A humildade nos torna caridosos para com os erros do próximo e conscientes dos nossos próprios. A verdadeira humildade consiste em uma profunda consciência de nossa absoluta indignidade e em nos abandonarmos a Deus sem duvidar de que ele possa fazer grandes coisas em nós. O verdadeiro método de lucrar com nossos erros é vê-los em toda a sua deficiência sem perder a confiança em Deus.

Duas coisas produzem humildade. A primeira é o reconhecimento da desventura da qual Deus nos libertou. A segunda é o conhecimento da presença do Deus que é tudo.

Os que são verdadeiramente humildes ficarão surpresos ao ouvir que alguém lhes atribui algum bem. Eles são modestos e pacíficos, de coração contrito e humilde, além de misericordiosos e compassivos. São brandos, alegres, obedientes, vigilantes, fervorosos de espírito e incapazes de brigar. Aceitam os últimos lugares e não ficam perturbados quando são desprezados. Toleram os erros dos outros à luz dos seus próprios, e evitam preferir a si mesmos em detrimento dos demais.

François Fénelon, Conselho aos cristãos, cap. 6
(Progresso espiritual)

Ó Senhor, tem piedade de nós, pois em ti depositamos nossa confiança. Não te zangues conosco, nem te lembres de nossas iniquidades, mas olha por nós desde agora, visto que és compassivo, e livra-nos de nossos inimigos. Pois tu és nosso Deus, e nós somos teu povo; somos todos obra de tuas mãos e invocamos teu nome, agora e para sempre, e pelos séculos dos séculos. Amém.

Adaptado de A divina liturgia de São Basílio Magno

PARA REFLETIR: 2Cr 7.14; 34.27; Sl 25.9; 51.17; 138.6; **Pv 3.34**; 11.2; 15.23; 27.2; Mc 10.43; 12.38-44; Jo 13.14-16; Rm 12.16; **Tg 4.6**; 1Pe 3.8

As Sagradas Escrituras confirmam que o Espírito de Deus habita em nós, age ali, ora sem cessar, geme, deseja, pede por nós o que não sabemos como pedir, encoraja-nos, anima-nos, ensina-nos toda a verdade e assim nos une a Cristo. "Como assim, será que somos todos inspirados?", talvez vocês perguntem. Sim, mas não como eram os profetas e apóstolos. Sem a real inspiração do Espírito de graça, não poderíamos fazer nem querer nada de bom, nem mesmo acreditar em nada de bom.

Deus não deixa de falar, mas os ruídos exteriores, vindos da criação, além dos ruídos internos de nossas paixões, restringem nosso ouvir. Precisamos aprender a silenciar toda a criação, inclusive nós mesmos, para que, na profunda quietude da alma, escutemos a voz inexpressável do Noivo. Devemos ter ouvidos atentos, pois a voz dele é suave e tranquila e só é escutada por aqueles que conseguem bloquear as vozes concorrentes.

Ó eterna e onipotente Palavra do Pai, és tu que falas na profundeza de nossa alma! A palavra que saiu da boca do Salvador, durante os dias em que esteve entre nós, é tão poderosa que produz frutos maravilhosos até hoje, porque essa palavra, a boa palavra de Deus, é animada pelo Espírito da vida, que é a Palavra viva do próprio Deus.

François Fénelon, *Conselho aos cristãos*, cap. 15
(*Progresso espiritual*)

Ó Mestre, que amas a humanidade, brilha dentro de nosso coração, pois tu, ó Cristo, és a Iluminação de nossa mente e corpo; a ti enviamos louvor e glória, assim como ao Pai, que é eterno, e ao sumamente santo, bondoso e vivificante Espírito, agora e para sempre, e pelos séculos dos séculos. Amém.

Adaptado de A divina liturgia de São Basílio Magno

PARA REFLETIR: 1Rs 19.1-18; Jr 17.5-9; **Jo 6.68; 14.15-31; Rm 8.1-17,26-27;** 1Co 1.18-31; **2.6-13; 6.17;** Gl 5.16-24; Fp 1.18b-26; 3.7-16

Tenho observado com frequência que um pecador rude, ignorante, que começa a ser tocado pelo amor de Deus, é muito mais disposto a escutar o Espírito da graça do que as pessoas esclarecidas e cultas que envelheceram em sua sabedoria. Deus, que deseja se comunicar conosco, não consegue, por assim dizer, encontrar espaço em almas cheias de si mesmas, que engordaram em sua própria sabedoria e virtude. Mas, como dizem as Escrituras, "o segredo de Deus está com os simples".

Uma alma liberta de si mesma e abandonada à graça de Deus, considerando-se nada e andando sem reservas no desejo de puro amor, que é seu guia perfeito, detém um conhecimento que aqueles que são considerados sábios neste mundo não conseguem receber nem compreender! Fui assim outrora, tão "sábio" quanto qualquer um. Embora achasse que via tudo, não via nada. Ia me arrastando, tateando o caminho por meio de uma sucessão de raciocínios. Mas não havia um raio de luz para iluminar minhas trevas. Só quando silenciamos nossa própria sabedoria é que estamos preparados para escutar a Deus. Então sabemos o que é mais importante sem ter de saber tudo. Percebemos que, antes de escutar o Senhor, ignorávamos tudo o que pensávamos entender.

François Fénelon, *Conselho aos cristãos*, cap. 15
(*Progresso espiritual*)

Deus santo e todo-poderoso, que o teu Espírito torne meu coração humilde e contrito. Que ele se encha de desejo por tua santidade e de confiança em tua graça onipotente! Que teu Espírito encha meu coração com a sagrada penitência que é o início da vida celestial e com a confiança no poder invencível de teu auxílio. Amém.

Adaptado de "Diante de Deus", oração do padre Karl Rahner,
SJ (1904–1984), Feast of All Saints

PARA REFLETIR: Sl 62.1-2,5-8; 141.3-4; **Pv 3.32;** Lc 19.1-10; Jo 3.1-15; 8.3-11; 11.45-54; At 8.26-38; 26.1-23; Fp 3.4b-11; 4.8-9

Aquele que está em estado de puro ou perfeito amor a Deus possui todas as virtudes morais e cristãs. Se temperança, paciência, castidade, verdade, bondade, clemência e justiça podem ser encaradas como virtudes cristãs, então não há dúvida de que estão todas incluídas no amor santo. Ou seja, o princípio do amor não deixará de se desenvolver em cada uma dessas formas. Santo Agostinho observa que o amor é a fundação, fonte ou princípio de todas as virtudes.

Aperfeiçoar-se no amor significa, para o cristão, ser santificado completamente. Ele nunca deixa de crescer na graça de Deus. Não é possível discernir todos os graus de santificação, mas isto é certo: o cristão progredirá além do nível em que considera a salvação principalmente como uma questão de felicidade, segurança e bem-estar próprios. Pela graça, seus desejos para si mesmo serão mais completa e permanentemente fundidos a um desejo maior e mais absorvente, a saber, o de glorificar a Deus e cumprir sua vontade. O cristão pensará cada vez menos na salvação meramente como libertação eterna e entenderá cada vez mais a salvação como a restauração da adoração.

François Fénelon, Máximas dos santos, artigos 4-5

Que o Deus da paz, que trouxe de volta dos mortos nosso Senhor Jesus, o grande Pastor das ovelhas, e confirmou uma aliança eterna com seu sangue, os capacite em tudo que precisam para fazer a vontade dele, por Jesus Cristo, a quem seja a glória para todo o sempre. Amém.

Adaptado de Hebreus 13.20-21

PARA REFLETIR: Sl 72.19; 97.1-9; Jo 17.1-19; 1Co 13.2; Ef 4.15; Cl 1.9; 1Pe 2.2; 2Pe 3.14-18; 1Jo 4.17; Ap 20.1-5

Os cristãos maduros nada desejam, apenas que Deus seja glorificado neles realizando sua santa vontade. Não é incompatível com esse desejo que eles possuam um amor-próprio natural. Mas esse amor-próprio está tão incorporado ao amor a Deus que, para todos os efeitos práticos, deixa de ser um objeto distinto de consciência. Prática e verdadeiramente pode-se dizer que eles amam a si mesmos em e para Deus. Ademais, como os cristãos, estendendo as afeições além de si mesmos, amam o próximo pelo mesmo princípio, ou seja, em e para Deus, pode-se dizer que eles amam o próximo como a si mesmos.

O fato de nosso amor-próprio se perder em nosso amor a Deus não implica que não devamos cuidar de nós mesmos. Na verdade, ninguém será mais séria e constantemente vigilante sobre si mesmo do que aquele que ama a si mesmo em e para Deus. A razão disso é que, tendo a imagem de Deus em si mesmo, o cristão tem forte razão para guardar e proteger essa imagem. Isso não é incompatível com a precaução contra a introspecção excessiva, pois esta tende a fazer que a mente se afaste de Deus. Mais exatamente, a alma santa vive com Deus, move-se quando Deus se move, age como Deus age e tenta ver as coisas como Deus vê.

François Fénelon, Máximas dos santos, artigo 12

Ó Deus, nosso pai celestial, renova em nós o sentido de tua bondosa presença, e permite que haja um estímulo constante dentro de nós para a paz, a confiança e a coragem em nossa peregrinação cristã. Deixa-nos abraçar-te com o coração cheio de amor e adoração, com nossos afetos fixados em ti, para que tenhamos comunhão ininterrupta contigo em tudo o que fazemos.

Gerhard Tersteegen (1697–1769),
Orações: antigas e modernas

PARA REFLETIR: Mt 5.43-48; 7.24-27; Rm 12.9-21; 14.1-4; 2Co 13.5-10; Gl 6.3-5; Tg 1.23-25; 1Jo 1.7-10; 4.13-21

Quando entregamos todo o nosso coração a Deus, nossa aceitação perante ele nada tem que ver com nossa situação na vida. Depende simplesmente de ocuparmos o lugar na vida que Deus, em sua providência, planejou. A vida de santidade cristã, portanto, apesar de às vezes exigir orações de contemplação ou períodos de silêncio contemplativo, é compatível não apenas com outras formas de oração, mas também com o envolvimento regular em ações, deveres e virtudes da vida comum. Seria um grande erro supor que uma pessoa que carrega a imagem do Salvador não precisa ser um bom vizinho ou cidadão, ou deve dar menos importância ao trabalho. Seria também errôneo pensar que uma pessoa em um emprego secular seja menos dotada de virtudes da santidade cristã, tais como temperança, sinceridade, paciência, clemência, bondade, castidade e justiça. Há um princípio envolvido na própria natureza da santidade cristã que a adapta, sem compromisso, a todas as vocações que os cristãos possam ser chamados a exercer.

François Fénelon, *Máximas dos santos*, artigo 26

Ó Senhor, que teu amor aqueça tanto nossa alma que possamos nos entregar alegremente a ti com tudo o que somos e temos. Que teu amor caia como fogo do céu sobre o altar de nosso coração; ensina-nos a guardar e cultivar com ansioso cuidado cada faísca de chama sagrada, para que nem altura nem profundidade, nem o que existe hoje nem o que virá no futuro, possam nos separar do teu amor. Fortalece--nos e anima-nos para que caminhemos diante de ti como peregrinos zelosos. E concede a nós todos que, ao final, nos encontremos diante de teu trono com todos os teus sagrados santos, para lá desfrutarmos teu amor para sempre. Amém.

Gerhard Tersteegen (1697–1769),
Orações: antigas e modernas

PARA REFLETIR: Sl 71.5-8; 147.5-11; Is 44.24-28; Mt 6.2-6,25-34; 7.15-23; **Rm 8.35-39;** Ef 6.10-20; Cl 3.1-17; 4.2-6; Tt 3.1-7; Hb 12.1-2; 1Pe 5.6-11

Não se pode concluir que aqueles que possuem as graças de uma vida santificada estejam livres das regras comuns de julgamento, pensamento e percepção. Ao contrário, precisam continuar a valorizar e praticar a sabedoria, ao mesmo tempo que rejeitam todo egoísmo que se faz passar por sabedoria. As regras para a vida santa exigem que usemos fielmente a luz da razão natural, bem como a mais elevada luz espiritual da graça.

Uma pessoa santa buscará a sabedoria, mas não de fontes contrárias à santidade. Um cristão, que se torna sábio pelo Espírito da sabedoria, também não se desviará do Doador de sabedoria para se fixar na sabedoria como um fim em si. A sabedoria que assinala uma alma verdadeiramente santa tenta reivindicar cada momento para Deus. O cristão sábio cuida do presente e procura redimi-lo para Deus. Uma alma santa entrega o passado a Deus e deixa o futuro à sua providência; o amanhã trará a graça e luz adequadas.

Quando os cristãos vivem dessa forma, Deus não deixa de lhes fornecer o pão de cada dia; eles obterão para si próprios um tipo especial e providencial de proteção. Conscientes de sua perspectiva limitada, e tendo em mente a fidelidade providencial do Salvador, estão prontos a receber instrução e correção, pois não possuem vontade ou escolha fora da vontade de Deus.

FRANÇOIS FÉNELON, *MÁXIMAS DOS SANTOS*, ARTIGO 31

Ó Deus, nosso Pai celestial, ensina-nos a escutar tua voz e nunca reprimir os alertas que ela nos traz. Eis que trazemos nosso pobre coração como sacrifício a ti. Vem e enche teu santuário, e não permitas que nada impuro entre. Conduz-nos no caminho da santidade até que, por uma morte tranquila, passemos para a Terra Prometida. Amém.

GERHARD TERSTEEGEN (1697–1769),
ORAÇÕES: ANTIGAS E MODERNAS

PARA REFLETIR: Pv 1.7; 17.10; 23.12; Jo 9.1-41; 1Co 1.17-26; 3.18-20; Ef 5.15-17; Cl 2.8; 3.16; Tg 1.5

Algumas pessoas de grande piedade falaram do mais elevado estado espiritual como transformação. Mas isso deve ser encarado como apenas outro modo de se referir ao puro amor a Deus. Para o cristão que ama a Deus com um coração puro, o amor é sua vida. Todos os afetos dessa pessoa, seja qual for seu caráter, apresentam o amor como qualidade constituinte, definidora e dominante.

Ora, não pode haver amor a não ser que haja um objeto de amor. Assim, no cristão o princípio do amor se alia a outro: Deus. Todo o poder e ação do amor vêm de Deus, que é amor. O amor que transforma os filhos de Deus é acessível e dócil a todas as propensões da graça. O amor é como uma esfera colocada sobre uma superfície plana. A esfera pode ser movida com facilidade em qualquer direção. Do mesmo modo, a pessoa que vive no puro amor a Deus pode ser movida por Deus com igual facilidade. Não tendo preferências contrárias à santa vontade de Deus, mas com um princípio de movimento, a saber, aquele que é dado por Deus, essa pessoa pode testemunhar como o apóstolo Paulo: "Já não sou eu quem vive, mas Cristo vive em mim".

FRANÇOIS FÉNELON, MÁXIMAS DOS SANTOS, ARTIGO 35

Deus Todo-poderoso, Senhor da tempestade e da calmaria, do oceano turbulento e do calmo porto, das trevas e da luz, da vida e da morte, concede-nos um coração tão fixo em tua fidelidade e em teu amor imutável que, não importa o que nos suceda, confiaremos em ti com uma fé tranquila. Que sigamos a ti com olhar firme e caminhemos diante de ti com humildade. Pedimos tudo isso em nome da misericórdia que mostraste em Jesus Cristo. Amém.

GEORGE DAWSON (1821–1876),
ORAÇÕES: ANTIGAS E MODERNAS

PARA REFLETIR: Os 11.1-4,8-9; 14.1-2; Mt 22.37-39; Jo 7.14-18; **Gl 2.20;** Fp 2.12-16; 1Tm 1.3-7; 1Pe 4.8; 1Jo 3.10; 4.7-12,16b-21

MADAME JEANNE GUYON
(1648–1717)

Jeanne-Marie Bouvièr de la Motte-Guyon, ou Madame Guyon, foi a controvertida líder de um movimento na França conhecido como quietismo. Entre seus escritos estão *Autobiografia de Madame Guyon, Progresso espiritual, Um método de oração curto e simples* e *Relatos do cativeiro*, escrito após quase sete anos na prisão (1695–1703). Inspirava-se em muitas fontes, entre as quais Francisco de Sales, Joana de Chantal, Tomás de Kempis e Jacques Bertot. Madame Guyon nasceu em Montargis, na França. Era uma bela moça aos 16 anos, quando fez um casamento arranjado e infeliz com um homem 22 anos mais velho. O casamento se tornou ainda pior devido a uma sogra autoritária. Depois da morte do marido (1676), a carreira de Madame Guyon como pregadora do quietismo se iniciou.

Seus ensinamentos foram recebidos com o interesse inabalável de muitos e a oposição igualmente inflexível de outros, principalmente do bispo Jacques-Bénigne Bossuet (1627–1704) e de Madame de Maintenon (1635–1719). Herética ou santa? Guyon foi condenada como herética e louvada como santa.

Em razão da variedade de suas alegações, o quietismo é difícil de definir. Com frequência, é qualificado como uma forma extrema de misticismo. A alegação central é a de que a alma pode ser tão completamente purificada do egoísmo e dos desejos individuais que alcança uma união permanente com Deus; a autoconsciência distinta é eliminada. Mas o que isso significa? Os críticos diziam que tal união com a vontade de Deus e a passividade dela resultante implicavam a extinção da vontade humana, o fim da necessidade de Cristo como Mediador, a superação do estímulo para o aperfeiçoamento moral e o fim da necessidade dos sacramentos, da igreja e das práticas meditativas. Se isso fosse verdade, seria razão suficiente para condenar o quietismo como herético. Mas Madame Guyon defendia resolutamente seus ensinamentos contra todas essas acusações, dizendo que sua doutrina sobre a comunhão com Deus estava em perfeita harmonia com a história da teologia católica mística. Ela era, insistia, uma filha obediente da igreja.

Em 1686, Guyon levou seus ensinamentos a Paris. Sendo uma figura fascinante e entusiástica, sua mensagem ganhou aceitação na corte real francesa, entre duques, duquesas e outras mulheres influentes. A semelhança entre seus ensinamentos e os do místico espanhol Miguel de Molinos (1628–1696) despertou suspeitas e condenação (entre outras acusações, Molinos havia sido condenado, justa ou injustamente, por rebaixar o papel da igreja na salvação).

Reconhecendo as ameaças que enfrentava, Madame Guyon requisitou um exame teológico. A conferência em Issy, que começou em 1695, dirigida por Bossuet, reuniu-se para atender ao pedido de Guyon. Bossuet acusou Guyon por ensinar, com arrogância, que havia entregado tão completamente a vontade a Deus que não era mais capaz de exercer sua própria vontade. Isso, disse Bossuet, significava que ela era agora tão passiva que não podia praticar a oração peticionária, não podia desejar a própria salvação e não tinha razões para procurar o aperfeiçoamento moral. Em seus *Relatos do cativeiro*, Guyon nega completamente as acusações de Bossuet. Ela respondeu que, longe de ostentar orgulho, buscava apenas reconhecer e receber as dádivas divinas. Para as pessoas se entregarem completamente à sua vontade, Deus fornece desejos autênticos que podem ser praticados. A partir da conferência foram publicados os Artigos de Issy. Guyon se submeteu a eles e insistiu que seu *Método de oração curto e simples*, quando corretamente compreendido, era ortodoxo.

Não satisfeito, Bossuet insistiu no encarceramento de Guyon. Em 1695, Luís XIV a prendeu em Vincennes por um ano. Ela foi interrogada sobre sua vida pessoal e sua teologia, depois transferida para um convento em ruínas, onde sofreu interrogatório coercitivo. Sob acusações infundadas de imoralidade, em 1698 Luís XIV a transferiu para a Bastilha, onde ela permaneceu mais de quatro anos e meio. Depois de liberta, Guyon passou o resto de seus anos em retiro.

Todos os cristãos são chamados a orar e podem, pela graça de Deus, fazer a oração do coração. A oração pode ser praticada em todos os tempos, mesmo pelos menos instruídos. É um erro terrível alguém pensar que não é chamado a orar; nós somos chamados a orar, assim como somos chamados à salvação.

Mas o que é oração? Oração nada mais é que voltar o coração a Deus; é o exercício interno de amor a Deus. O apóstolo Paulo nos exorta a que oremos sem cessar. A oração é o meio pelo qual somos libertos de todos os vícios e obtemos todas as virtudes; é como nos aperfeiçoamos no amor. A oração significa estar na presença de Deus e caminhar em seu favor. Deus é mais presente para nós do que nós somos para nós mesmos, e ele deseja se entregar a nós mais do que nós desejamos conhecê-lo.

A oração que vem do coração não precisa perturbar as tarefas diárias regulares. Pode ser praticada por príncipes e reis, prelados e sacerdotes, crianças e operários, mulheres e doentes. A única coisa que pode atrapalhar esse tipo de oração é a divisão dos sentimentos. Uma vez que tenhamos desfrutado a presença de Deus, será impossível prezar qualquer afeto terrestre em nível comparável.

Madame Guyon, Método de oração curto e simples, cap. i

Senhor, não sei o que pedir. Sabes melhor do que eu quais são as minhas necessidades. Amas mais do que sei amar. Ajuda-me a ver com clareza as minhas reais necessidades. Abro o coração a ti. Examina e revela as minhas faltas e pecados. Ensina-me como orar. Ora em mim. Amém.

"Oração para a aceitação da vontade de Deus", Livro de orações da Igreja Ortodoxa Russa de São Vladimir

---

PARA REFLETIR: Mc 13.33,37; Jo 7.37; 16.23-24; Rm 8.26; 12.9-13; Ef 3.14-19; Fp 4.6; **1Ts 5.16-18**; Hb 4.16

Quando orarem, postem-se diante do Senhor como ovelhas que olham para o pastor em busca de pasto. Nosso Pastor Divino nos alimentará de si mesmo; ele é o Pão nosso de cada dia. Olhem para ele como se fosse nosso Médico, e relatemos a ele todas as doenças.

Se o seu amor a Deus é puro, vocês não o buscarão menos no monte Calvário que no monte Tabor, onde o Senhor foi gloriosamente transfigurado. Vocês encontrarão consolação para a alma na cruz e na entrega completa a Cristo. Qualquer um que não goste da cruz de Cristo e da entrega de si próprio que ela requer, não pode amar as coisas de Deus. Aquele que ama a cruz de nosso Senhor descobre que a amargura da entrega se transforma em alegria. A entrega de si próprio e a cruz andam de mãos dadas.

Temos fome de Deus em proporção à nossa fome de aceitar o caminho da cruz, e avançamos em nosso conhecimento de Deus à medida que avançamos no caminho da cruz. Deus nos dá o caminho da cruz, e o caminho da cruz nos dá Deus. Assim que provações ou sofrimentos surgirem em seu caminho, confiem-se imediatamente ao Senhor. Então, quando o caminho da cruz chegar, não parecerá tão pesado.

MADAME GUYON, *MÉTODO DE ORAÇÃO CURTO E SIMPLES*, CAPS. 3, 7

Guarda-me, ó Senhor; guia-me, pois sou teu por aquisição; tu me redimiste pelo sangue do teu Filho e me amaste com o amor de pai. No mal, torna-me inocente como uma criança, mas em entendimento, piedade e temor devoto torna-me um adulto em Cristo, prontamente equipado e instruído em toda boa obra. Amém.

JEREMY TAYLOR (1613–1667), "EXERCÍCIO PARA SER USADO A QUALQUER HORA DO DIA", EM *VIDA SANTA*, CAP. 1, ORAÇÕES E DEVOÇÕES

PARA REFLETIR: Mt 16.23-24; Mc 8.34-38; Lc 14.27; 16.10-13; Jo 13.12-20; Rm 6.1-11; Gl 2.15-21; 5.24; 6.14; Hb 6.1-8

(Madame Guyon repreende os sacerdotes que, tornando a oração por demais formal e complexa linguisticamente, bloqueiam a oração para os cristãos comuns.)

Imploro a todos os responsáveis pelo cuidado de almas: ensinem aos cristãos a simplicidade da oração, que significa tão somente aderir a Jesus Cristo de todo o coração. Mas não sou eu que lhes suplico; é o próprio Jesus Cristo, que derramou seu sangue por aqueles que lhes foram confiados. Na pregação e administração dos sacramentos, o mais importante é estabelecer o reino de Deus no coração dos cristãos. A oposição ao reino soberano de Deus começa no coração. Então é lá, por submissão a Deus somente, que o reino soberano de Deus é mais honrado. Ensinar a oração simples, em vez de apenas métodos formais de oração ou elaboradas doutrinas cristãs, converterá o coração a Deus. Ensinem às pessoas como orar no Espírito de Deus, não como seguir invenções humanas. Ai! Instruindo os cristãos a orar em linguagem refinada e formal, vocês, sacerdotes, criam um obstáculo à oração e ao reino de Deus.

Vão, então, filhos do Pai celestial, falem com ele em sua linguagem natural, por mais rude e bárbara que possa ser. Para ele, não soará assim. Nosso Pai fica mais contente com a linguagem do amor e respeito do que com discursos secos e estéreis.

MADAME GUYON, *MÉTODO DE ORAÇÃO CURTO E SIMPLES*, CAP. 23

Deus e Pai todo-poderoso, eterno e misericordioso, concede-me a graça para ver que um verdadeiro adorador pode ter acesso a ti em todos os tempos e em todos os lugares, e que tua bondade está presente conosco sempre e em toda parte. Amém.

JOHANN ARNDT (1555–1621), *O VERDADEIRO CRISTIANISMO,*

LIVRO 2, SEÇÃO 11

PARA REFLETIR: Sl 32.6-7; 54.1-2; 65.1-13; Mt 6.5-8; 19.13-15; 21.12-17; Lc 11.1-13; 1Co 2.1-16; 10.23-24,31-33; 12.4-26

Vários tipos de regras foram desenvolvidos para ensinar às pessoas como amar a Deus. O perigo é que a espontaneidade do amor seja perdida. Ah, quão desnecessário é ensinar a arte de amar! A linguagem do amor parecerá bárbara a qualquer um que não ame, mas será perfeitamente natural para a pessoa que ama. As emoções simples e francas do amor são infinitamente mais expressivas que todas as linguagens e raciocínios. As pessoas mais iletradas muitas vezes expressam o mais perfeito amor a Deus; elas manifestam uma expressão mais imediata e simples de amor do que aquelas que precisam ter "razões" para amar.

O Espírito Santo não precisa de nossas razões e planos sábios para amar. Ele até mesmo transforma pastores humildes em profetas. E, longe de excluir as pessoas iletradas do templo de oração, o Espírito escancara os portões e convida todos a entrar. O Espírito envia Sabedoria às estradas para gritar: "Venham à minha casa todos os ingênuos". Até para os que não têm juízo a Sabedoria grita: "Venham, comam do meu banquete e bebam do vinho que misturei". Deus ocultou essas coisas do sábio e prudente e as revelou aos pequeninos.

MADAME GUYON, *MÉTODO DE ORAÇÃO CURTO E SIMPLES*, CAP. 23

Ó Deus santo e todo-poderoso, Pai de nosso Senhor Jesus Cristo, louvo e glorifico teu infinito e inexprimível amor e sabedoria. Enviaste teu Filho do seio da felicidade celestial para tomar sobre si nossa natureza e nossos pecados. Ordenaste que o Filho de Deus se tornasse o Filho do Homem, de modo que pudéssemos nos tornar filhos de Deus e participantes da natureza divina. Amém.

JEREMY TAYLOR (1613–1667), "ORAÇÃO A SER FEITA NA CELEBRAÇÃO DO NATAL", EM *VIDA SANTA*, CAP. 4, ORAÇÕES PARA TODO TIPO DE PESSOA

PARA REFLETIR: Dt 6.4-5; Sl 37.4; 42.1-2; 63.1-2; **Pv 9.4-5; Mt 11.25;** Mc 12.30-31; Jo 21.15-19; Fp 4.4; Tg 2.5; **2Pe 1.4;** Ap 1.5; 12.10-12

◇◇◇◇◇◇ **130** ◇◇◇◇◇◇

(Testemunho de Madame Guyon sobre a certeza do amor de
Deus por ela.)

Há dentro de mim um testemunho íntimo da verdade do amor de Deus. É tão profundo que nem o mundo inteiro poderia abalá-lo. É obra de Deus sobre meu coração; a participação da imutabilidade divina. Todas as dificuldades dos teólogos concernentes à certeza sobre o amor de Deus, ao que parece, surgem de vê-lo, não à luz da verdade e do poder divino, mas à luz das limitações das criaturas. É verdade que, deixados a nós mesmos, somos apenas fraqueza e pecado; mas quando agrada a Deus reconciliar alguém consigo mesmo e recriá-lo, essa pessoa é transformada à imagem e semelhança de Cristo.

Quem ousará limitar o poder de Deus? Quem dirá que Deus, cujo amor é tão infinito quanto livre, não pode dar prova de seu amor aos filhos? Ele não tem o direito de amar como quiser? Sim, ele me ama, e seu amor é infinito. E ele ama você da mesma forma. O amor de Deus é o amor eterno manifestado. Na vida do amor divino, Deus se revela a seus filhos, e eles se revelam a ele; existe uma santa reciprocidade; este é o abraço mais elevado do amor.

MADAME GUYON, "ESTADO DE CERTEZA",
EM *CARTAS DE MADAME GUYON*

Ó eterno Senhor Deus, Pai todo-poderoso, Criador de tudo o que existe nos céus e na terra, é bom dar graças a ti, pois nos deste o conhecimento da tua verdade; e quem é capaz de afirmar a tua grandeza e recontar todas as tuas obras maravilhosas para todas as gerações? Glória ao Pai, Filho e Espírito Santo, agora e na vida eterna. Amém.

JEREMY TAYLOR (1613–1667), "DEVOÇÕES ESPECIAIS", EM *VIDA
SANTA*, CAP. 4, ORAÇÕES PARA TODO TIPO DE PESSOA

PARA REFLETIR: 1Cr 29.11-12; Is 43.10-21; Jo 14.15-17; 16.12-15; Rm 1.4,16,20; 8.14-16; 15.19; 16.25; 1Co 1.18-24; 2.4; 15.20-28; 1Jo 5.6-13

Quando falo do progresso da alma, quero dizer progresso descendente, não ascendente. Quando enchemos uma embarcação, quanto mais lastro colocamos lá dentro, tanto mais ela afunda. Assim também, quanto mais amor temos, tanto mais nos degradamos. O lado da balança que se ergue está vazio. De igual modo, a alma se eleva somente quando está vazia de amor. Enchemo-nos com o peso do amor para que possamos levar o eu até o nível adequado. Que as profundezas do amor sejam reveladas por nossa disposição de carregar a cruz, humilhações e sofrimentos que são exigidos para purificar a alma. A humilhação se torna nossa exaltação. Jesus disse a seus discípulos: "O menor entre vocês será o maior".

Considere nosso Divino Mestre, que, por amor, se humilhou. Ah, que peso é o amor, pois fez que o Filho de Deus assumisse a forma de servo!

Deus comunga conosco à medida que nos preparamos para recebê-lo. Nessa proporção somos transformados e carregamos sua imagem. Ele se dá aos filhos que se esvaziam de si mesmos. Então Deus os enche consigo.

MADAME GUYON, "HUMILDADE, O EFEITO DO AMOR" E "COMUNICAÇÕES DIVINAS", EM *CARTAS DE MADAME GUYON*

Deus de toda misericórdia e fidelidade, que eu possa, como Simão, erguer a cruz do Senhor e suportar as fraquezas do meu próximo em amor, de modo que o jugo de Jesus se torne fácil para mim. Que meu amor por ti aumente de graça em graça até que eu chegue à consumação do teu reino, por meio de Jesus Cristo, o Filho do teu amor, o Autor da nossa esperança, e o Autor e Aperfeiçoador da nossa fé. Amém.

JEREMY TAYLOR (1613-67), "ORAÇÃO PARA AS GRAÇAS DA FÉ, ESPERANÇA, CARIDADE", EM *VIDA SANTA*, CAP. 4, ORAÇÕES PARA TODO TIPO DE PESSOA

PARA REFLETIR: Is 57.15; 66.1-2; Mt 5.1-12; Mc 9.33-37; 10.32-45; **Lc** 1.46-55; **9.48**; 2Co 4.1-12; 5.16-21; 12.1-11; **Fp** 1.3-11; **2.4-13**; 3.3-11; 4.8-9; **Hb 12.2**

"Se o Filho os libertar, vocês serão livres de fato." Quando a velha pessoa pecadora é destruída e a nova pessoa em Cristo é criada, ela vê-se de posse de uma nova liberdade. Como um pássaro liberto da gaiola, o cristão vai em frente, sem amarras, para habitar na imensidão do amor de Deus. A velha vida egoísta restringia a pessoa em todos os momentos, até mesmo tentando negar ao Grande Eu Sou a devida glória.

Quando Paulo perguntou: "Quem me libertará deste corpo mortal dominado pelo pecado?", ele mesmo respondeu: "Graças a Deus, por meio de Jesus Cristo, nosso Senhor". Apenas quando, pela graça de Deus, uma nova pessoa passa a existir, podemos ser libertos do corpo mortal. Mais tarde, Paulo exclamará: "Já não sou eu quem vive, mas Cristo vive em mim!". Paulo não estava mais preocupado consigo. Agora ele era animado por Cristo, assim como o espírito anima o corpo.

Que maior liberdade pode haver, que maior expansão da vida, do que ser liberto por Jesus Cristo, ser medido por sua vida ressuscitada? Ai! A que estreiteza opressora o pecado nos reduziu? Agora que Cristo vive em nós, ele esmagará aquele velho réptil mortal para que o Criador sopre sua vida para dentro de nós novamente.

Madame Guyon, "Liberdade em Cristo",
em *Cartas de Madame Guyon*

Ó Senhor Deus de infinita misericórdia, que enviaste teu santo Filho ao mundo para nos redimir da miséria intolerável do pecado, para nos ensinar a santa fé e para nos perdoar uma dívida infinita, dá-me teu Espírito Santo de modo que meu entendimento e todas as minhas faculdades se rendam diante da disciplina e verdade de meu Senhor. Amém.

Jeremy Taylor (1613–1667), "Oração para as graças da fé, esperança, caridade", em *Vida santa*, cap. 4, Orações para todo tipo de pessoa

---

PARA REFLETIR: Êx 3.13-15; Jo 1.1-5; 3.1-10; **8.34-38**,48-59; 10.30-33; **Rm 6.1-11; 7.21-25a;** 8.1-8; 2Co 5.14-19; **Gl 2.19-21**; 5.13-21; Ef 1.11-14

Não suponha, caro senhor, que será purificado apenas por grandes tribulações e acontecimentos extraordinários. A perfeição cristã também é obtida por meio de uma vontade suave, flexível e obediente. Pense na criança que aprende a obedecer ao pai ou à mãe. Por causa da rebeldia de nosso orgulho e obstinação naturais, Deus precisa fazer nossas vontades maleáveis. Ele nos guia ao longo do caminho da santidade cristã contrariamente a nossas inclinações carnais. O que chamamos de morte da vontade é, na verdade, a passagem da vontade humana para a vontade de Deus.

Tal mudança acarreta não apenas modificações externas, mas também uma transformação interna dos desejos e sentimentos do coração. Muitas pessoas que iniciam a jornada cristã não a completam, por relutarem em se submeter a uma crucificação interior que deixa todo o eu carnal prostrado diante de Deus. Em consequência disso, os que recusam a crucificação do eu carnal tentam mesclar um coração inflexível com a graça de Deus. Tal esforço gera os monstros religiosos deste mundo. Pense no seguinte paralelo: nós não lemos nas Escrituras que, em decorrência de uma aliança entre os filhos de Deus e as filhas do homem, gigantes encheram a terra de perversidade?

Madame Guyon, "Segredo das operações divinas sobre a alma",
em *Cartas de Madame Guyon*

Ó Soberano Senhor Jesus Cristo, nosso Deus, Fonte de vida e imortalidade, Autor de toda a criação, visível e invisível, igualmente perene e coeterno Filho do Pai, receba até a mim, ó Cristo, tu que amas a humanidade, assim como recebeste a prostituta, o ladrão, o cobrador de impostos e o pródigo. Amém.

"Primeira oração de São Basílio Magno", Livro de orações
da Igreja Ortodoxa Russa de São Vladimir

PARA REFLETIR: Gn 6.1-6; Mq 7.18-20; Hc 3.17-19; Mt 18.1-5; Rm 6.12-23; Gl 2.19-21; 1Ts 3.11-13; 1Pe 4.1-2; 5.6-11; 1Jo 2.15-17

Os cristãos que tentam mesclar a vida de graça com o velho eu carnal talvez pareçam mortos para a carne. Internamente, porém, não estão. Podem até estar mortos para as coisas externas deste mundo, mas ainda são dominados por um eu que não se rendeu plenamente à vontade de Deus. Podem até mesmo aparecer como "guerreiros famosos". Morreram para as coisas secundárias, mas a obstinação continua a reinar — morte apenas nominalmente, não na realidade.

Em contraste, naqueles que a ele se renderam plenamente Deus opera com gentil e eficaz autoridade para realizar sua vontade. O consentimento que damos a suas operações e nosso encanto com elas nos dão alegria e apoio em proporção à qualidade de nossa entrega. Deus não força a alma com violência. De que adiantaria isso? Pelo contrário, ele opera de modo a nos fazer segui-lo alegre e voluntariamente, mesmo atravessando perigosos precipícios. Tão bom é esse Divino Mestre, tão bem ele sabe como nos guiar à santidade, que os espíritos que se rendem seguem atrás dele, apressando-se para caminhar pelo caminho que ele indica.

Vemos então que a flexibilidade de alma é necessária para progredir ao longo do caminho da santidade cristã.

MADAME GUYON, "SEGREDO DAS OPERAÇÕES DIVINAS SOBRE A ALMA", EM *CARTAS DE MADAME GUYON*

Ó Deus todo-poderoso, infinito e eterno, ensina-me a andar sempre em tua presença, a temer tua majestade e a reverenciar tua sabedoria, para que eu possa andar diante de ti em santidade todos os dias de minha vida. Que eu comprove a crença em tua presença andando cuidadosamente diante de ti e alcançando a perfeição em eterna glória, por meio de Jesus Cristo, nosso Senhor. Amém.

JEREMY TAYLOR (1613–1667), "ORAÇÃO DE MEDITAÇÃO SOBRE A PRESENÇA DIVINA E EM REFERÊNCIA A ELA", EM *VIDA SANTA*, CAP. I, ORAÇÕES E DEVOÇÕES

PARA REFLETIR: Gn 6.4; Sl 40.1-10; 103.1-22; 113.1-9; Is 58.6-14; 61.10-11; Am 5.14-24; Lc 18.18-25; Rm 12.1-2; Cl 3.1-4,12-17

A razão humana às vezes se opõe à direção em que Deus está nos conduzindo. Isso pode ser causado por medo, ansiedade ou simples hesitação. Entretanto, para alguém que está fixado na vontade de Deus, é impossível mudar de curso. Depois de experimentar lutas ou incertezas, um verdadeiro filho de Deus se deixará atrair pela correnteza de seu amor. A turbulência cessa; a paz de Deus permanece. É tanto da natureza da nova criação buscar a semelhança de Cristo como é para a água fluir em um canal. A liberdade que vem de ceder à vontade de Deus torna o cristão soberano sobre a escravidão que as coisas criadas podem tentar impor; tal soberania é o fruto de se sujeitar apenas à vontade de Deus.

Tenham a convicção, então, de que, quando há turbulência na alma, não é causada por Deus. Ela surge apenas se resistimos às operações divinas ou nos esquivamos delas. Quando não estamos mais associados a nada que se oponha à vontade de Deus, nossa alma fluirá sem obstáculos. É isso que se chama morte do eu. Mas, na verdade, a pessoa nunca se sentiu tão viva, pois agora vive a verdadeira vida, a vida de Deus.

MADAME GUYON, "SEGREDO DAS OPERAÇÕES DIVINAS SOBRE A ALMA", EM *CARTAS DE MADAME GUYON*

Ó Deus, que mostras a luz de tua verdade aos que erram, para que retomem o caminho reto, dá a todos os que professam a fé e por isso são creditados cristãos a graça de rejeitar o que não convém ao nome de Cristo, e a buscar tudo o que é digno desse nome. Por nosso Senhor Jesus Cristo, teu Filho, que vive e reina contigo, na unidade do Espírito Santo, um só Deus, para todo o sempre. Amém.

"DÉCIMO QUINTO DOMINGO DO TEMPO COMUM", COLETA, *MISSAL ROMANO*

PARA REFLETIR: Mt 16.21-26; Lc 4.1-15; 9.51-62; 18.31-34; 22.39-46; Jo 17.1-5,25-26; 21.1-22; At 26.19-23; 2Co 6.4-10; Fp 4.1-9

A vida de obediência prestada à vontade de Deus, junto com a resultante imagem de Cristo que se desenvolve no crente, não é algum estranho produto mitológico da imaginação humana. É o maravilhoso plano de Deus. Os muitos passos ao longo do caminho são os meios pelos quais Deus realiza seu grande plano de criação e redenção, avançando desse modo rumo à gloriosa culminação da comunhão entre Deus e seu povo. Essa é a glória que conquista a fidelidade dos santos de Deus, a glória que cresce à medida que Deus cumpre suas promessas e completa seu plano. A alegria da redenção pode ser comparada a uma pessoa que há muito tempo está confinada em uma prisão escura, mas um dia descobre uma forma de escapar.

Essa é a pura doutrina cristã em que Deus instrui seu povo. É a profunda teologia da experiência cristã. Tendo abandonado sua própria sabedoria, essas pessoas recebem o próprio Cristo como sabedoria e vida. Meu amigo, essa regra de sabedoria cristã é o caminho do Senhor, agora operando em todos os corações obedientes.

Madame Guyon, "Segredo das operações divinas sobre a alma",
em *Cartas de Madame Guyon*

Espírito Santo bendito, cultiva em nós uma espiritualidade profunda que verdadeiramente acredita no poder da ressurreição de nosso Senhor e vive de acordo com ele. Renova em nós uma convicção acompanhada pela alegria cristã de que nosso Senhor não ressuscitou em vão, de que ele não nos abandonou, de que sua ressurreição já se entremeou na trama da história humana, e de que seu reino já está entre nós, sempre florescendo de novo e sempre tirando o bem do mal, pelo poder da criatividade infinita de Deus. Amém.

Adaptado de Papa Francisco, *Evangelii Gaudium*,
cap. 5, § 275, 278

PARA REFLETIR: 1Co 1.18-31; 2.14—3.22; Ef 1.15—2.10; Hb 6.1-3; 12.1-11; 1Jo 1.1-4; 2.28—3.4; 2Jo 1.4-11; Ap 22.12-17

Você pergunta por que não uso termos complexos e expressões extraordinárias para explicar as Escrituras. Meu Senhor me ensinou que, embora nenhum texto seja tão profundo quanto os Evangelhos, nenhum é tão simples. Além disso, uma alma simples como eu deve usar expressões simples. Felizmente, se precisamos de assistência podemos recorrer àqueles que são instruídos na fé.

Com efeito, nas expressões diretas, compreensíveis e acessíveis das Escrituras há verdades profundas que são aplicáveis às necessidades de cada pessoa, aquelas menos adiantadas na fé e as mais adiantadas. A Palavra de Deus atinge a alma, pois possui grande capacidade de penetração e eficácia. Nenhuma palavra humana produz esse efeito.

Como é que as Escrituras conseguem falar tão poderosamente a todos? Nosso Senhor se agrada em se expressar e se reproduzir em seu povo. Quando Jesus Cristo se forma em uma vida, transmite não apenas um claro entendimento do evangelho, mas também a ele mesmo. Ora, o próprio Jesus Cristo é a Palavra de Deus viva, pronta a criar raízes em seus discípulos. Só aqueles em quem Cristo habita, em total aceitação, conseguem cumprir a Palavra de Deus. A Palavra é, na prática, interpretada e confirmada na vida deles.

MADAME GUYON, "SIMPLICIDADE E PODER DA PALAVRA",
em *CARTAS DE MADAME GUYON*

Dá-me, ó Senhor, pureza de lábios, inocência, humildade, coragem e paciência. Que o Espírito Santo me conceda sabedoria e entendimento, bom senso e força; que me dê conhecimento da piedade e temor devoto. Que eu sempre busque teu rosto de todo o coração, alma e pensamentos. Amém.

SACRAMENTÁRIO GALICANO (800 D.C.),
ORAÇÕES: ANTIGAS E MODERNAS

PARA REFLETIR: Sl 119.11,34,73,104,130,169; Pv 2.6; 4.7; Jr 1.1-10; Mc 12.28-34; Rm 14.17-19; 1Co 14.20; Cl 1.9; 1Tm 1.1-8; Hb 4.12-13

JOHANN ARNDT
(1555–1621)

Talvez achemos difícil entender a hostilidade que existiu entre cristãos durante a Reforma Protestante e os anos que se seguiram a ela. Além dos conflitos entre católicos romanos e protestantes, também entre protestantes brotaram acirradas controvérsias e perseguições. Durante o famoso esforço de 1529 para a reconciliação das diferenças entre os reformadores, Martinho Lutero recusou a mão estendida pelo reformador suíço Ulrico Zuínglio. Os dois discordavam sobre a Eucaristia. Lutero encerrou o encontro dizendo asperamente a Zuínglio: "Você tem um espírito diferente do nosso" (Walker, *História da igreja cristã*, p. 455). Em 1637, o arcebispo William Laud prendeu três ministros puritanos e mandou cortar-lhes as orelhas por se oporem às suas políticas eclesiásticas. Menonitas, quacres e batistas foram alvos frequentes da ira dos poderes religiosos e políticos.

O teólogo e pastor luterano alemão Johann Arndt deve ser incluído entre os líderes cristãos que sofreram os horrores da perseguição, mas que permaneceram tão centrados em Jesus Cristo que, ainda assim, puderam dar contribuições ricas e permanentes para a fé. Os escritos de Arndt lhe renderam a feroz oposição de muitos que o acusaram de heresia. Mas ele era estimado por muitos outros a quem ensinou a passar da controvérsia à irmandade e à caridade, de uma mera confissão de fé à própria fé, e a acrescentar santidade de vida à pureza de doutrina.

Arndt nasceu em Ballenstädt, onde seu pai era um pastor luterano evangélico. Quando jovem, Johann leu e absorveu os ensinamentos de Martinho Lutero, Tomás de Kempis e Johannes Tauler. Sua educação universitária ocorreu em Helmstedt e Wittenberg. Aos estudos de teologia, acrescentou o da medicina, um campo em que poderia ter prosseguido se o príncipe não o tivesse chamado para exercer o cargo de pastor na igreja de Badeborn.

Enquanto Arndt estava lá, o duque, John George, converteu-se de luterano em reformado (calvinista). Seguindo a prática da igreja primitiva, ao ministrar o batismo os pastores luteranos costumavam repetir uma frase que ordenava ao diabo que saísse do candidato, uma prática aprovada por Lutero, mas proibida por Calvino e pelo duque John George, o novo calvinista. Arndt se recusou a abandonar a prática, sendo subsequentemente expulso de sua congregação e banido dos territórios do duque. Encontrou refúgio em Quedlinburg, uma cidade luterana onde durante sete anos foi pastor na igreja de São Nicolau. Seu espírito e zelo devotos eram bem acolhidos por alguns, mas incompreendidos e rejeitados por outros. Em 1599, a oposição forçou-o a se mudar para Braunschweig (Brunswick), onde se tornou copastor da Igreja de São Martinho. Enquanto ali esteve, Arndt completou o primeiro livro de *O verdadeiro cristianismo* (1605), que acabou compreendendo seis volumes. Em resposta ao clima de acerbas discórdias doutrinárias entre vários grupos, Arndt escreveu sua obra com o intuito de mostrar que a disputa entre credos não é substituto para uma vida santa procedente da fé em Jesus Cristo. A pureza doutrinal, ensinou Arndt, não compensa a ausência do fruto do Espírito. O livro se disseminou rapidamente por toda a Alemanha, e o homem humilde se tornou uma celebridade.

Em razão de sua insistência em que a fé autêntica deve ser manifestada em um viver santo, Arndt despertou a oposição de clérigos e teólogos que o acusaram de abrir mão da justificação pela graça em nome da fé sozinha, sem obras meritórias. Acusavam-no de cultivar um estilo de vida cristã que seria próximo ao misticismo. Em 1608, mudou-se para Eisleben, onde permaneceu como pastor até que o duque Jorge de Brunswick-Lüneburg o nomeou, em 1611, pregador da corte e superintendente geral de assuntos eclesiásticos. Arndt utilizou esse novo cargo para introduzir reformas eclesiásticas. Em seu leito de morte, em 1621, Arndt reafirmou a fidelidade de toda uma vida à pura doutrina de Deus.

$\diamond\!\diamond\!\diamond\!\diamond\!\diamond\!\diamond$ **138** $\diamond\!\diamond\!\diamond\!\diamond\!\diamond\!\diamond$

(Um resumo da fé cristã.)

A fé é a sincera confiança e a firme persuasão em relação à graça de Deus que nos foi prometida em Cristo Jesus para a remissão dos pecados e a vida eterna. A fé é despertada no coração ao ouvir o evangelho de Deus e pelo Espírito Santo. Por meio dessa fé, obtemos o perdão de nossos pecados, sem qualquer mérito de nossa parte. A salvação vem apenas pela graça, por meio apenas da fé, pelos méritos apenas de Cristo. Nossa fé se assenta sobre essa sólida base e não é abalada pela perplexidade e a dúvida.

O perdão dos pecados constitui nossa justificação perante Deus. Nossa reconciliação é verdadeira, sólida e eterna; essa justiça não é comprada pelos homens nem pelos anjos, mas pela obediência, mérito e sangue do Filho de Deus. Por causa do Cristo vivo, que opera sua vontade em nós, as imperfeições que ainda afligem os justificados não podem condená-los.

Por meio dessa fé abençoada, os cristãos se entregam completamente a Deus, o único no qual procuram descanso. Só com Deus eles estão unidos, e só com ele entram em uma alegre irmandade. É a irmandade do Espírito Santo, em que os cristãos compartilham todas as coisas que pertencem ao Senhor.

JOHANN ARNDT, *O VERDADEIRO CRISTIANISMO*, LIVRO I, CAP. 5, § 1-2

Ó Deus, que pela graça da adoção nos fizeste filhos da luz, concede que não sejamos envolvidos pelas trevas do erro, mas que sempre brilhe em nossa vida a luz da verdade. Por nosso Senhor Jesus Cristo, teu Filho, que vive e reina contigo, na unidade do Espírito Santo, um só Deus, para todo o sempre. Amém.

"DÉCIMO TERCEIRO DOMINGO DO TEMPO COMUM",
COLETA, *MISSAL ROMANO*

PARA REFLETIR: Jo 10.11-18,22-30; 15.12-17; Rm 3.21-26; 5.1—6.14; 8.1-11; **Ef** 1.1-4; **2.8**; 4.1-6; Hb 4.14-16; 8.11-12; 11.1-3; 1Pe 4.1-6

O verdadeiro arrependimento consiste não apenas em deixar de lado os pecados mais evidentes, mas também em ir ao fundo do coração em busca de seus recessos mais íntimos. Armários secretos e passagens escuras cheias de voltas e reviravoltas devem ser expostos. O pecador que regressa deve ser totalmente renovado e finalmente transformado do amor por si mesmo ao amor a Deus, do amor ao mundo à vida conforme o Espírito, e do deleite com a pompa e o prazer deste mundo à participação por meio da fé nos méritos de Cristo.

O cristão deve negar a si mesmo; isto é, deve crucificar a própria vontade sempre que esta se opuser à vontade de Deus e deve se permitir ser conduzido inteiramente pela vontade de Deus. Não deve mais amar, buscar e elevar a si mesmo. Pelo amor de Cristo, deve renunciar ao controle de tudo o que possui. Deve renunciar à confiança na própria sabedoria, e confiar na sabedoria do Senhor. Os talentos naturais, por mais notáveis que sejam, devem ficar invisíveis no tocante ao orgulho carnal. Jesus disse que um discípulo deveria "odiar sua vida", o que significa pôr um fim à teimosia e cobiça, à ira e inveja carnais. Em suma, o verdadeiro cristão será crucificado para o mundo. Esse é o único significado do arrependimento cristão.

JOHANN ARNDT, *O VERDADEIRO CRISTIANISMO, LIVRO I, CAP. 4, § 2-3*

Ó Espírito Santo, às vezes somos tentados ao desânimo porque não conseguimos ver o frutificar das sementes do reino de Deus e de nossos esforços. Renova em nós a profunda certeza interior de que trabalhas como queres, quando queres e onde queres; e que os que se entregam a Deus por amor produzirão bons frutos, mesmo que estes muitas vezes sejam invisíveis, inteligíveis e não possam ser quantificados. Amém.

ADAPTADO DE PAPA FRANCISCO, *EVANGELII GAUDIUM*,
CAP. 5, § 279

PARA REFLETIR: Sl 51.7-17; Is 6.1-8; Jr 4.3-4; Ez 33.14-16; **Lc 9.23; 14.26;** 18.10-14; At 26.18; 2Co 5.17; **Gl 6.14;** Tg 4.8-10; 1Jo 1.9

Jesus disse: "Tomem sobre vocês o meu jugo e aprendam de mim, pois sou manso e humilde de coração". Foi como se ele houvesse dito: "O amor-próprio e ambição carnais de vocês devem ser removidos por uma humildade sincera e interna. Encontrarão um exemplo em mim. Pelo meu exemplo de mansidão, a sua ira e desejo por vingança devem ser subjugados". Para a pessoa que se tornou nova criação por meio de Jesus Cristo, esse jugo é facilmente suportado. Mas para os que não nasceram de novo, o jugo de Cristo parecerá nada mais que uma cruz amarga e repulsiva.

Os que não conhecem outra cruz além das tribulações e aflições normais da vida humana enganam-se imensamente ao pensar que é isso o que carregar diariamente a cruz de Cristo significa. Na verdade, significa praticar internamente o verdadeiro arrependimento, crucificar os desejos da carne, ser paciente com os inimigos e superar a maldade dos difamadores por meio da humildade, conforme o modelo do Cordeiro de Deus. Sigamos, portanto, os passos de Cristo renunciando ao desejo do esplendor deste mundo e ao que este mundo decaído considera grande e nobre.

Johann Arndt, O verdadeiro cristianismo, livro I, cap. 4, § 4-5

Ó Deus, pelo poder da tua Palavra criaste todas as coisas e por teu Espírito renovas a terra; dá, agora, a água da vida a quem tem sede de ti, para que produzam frutos abundantes em teu reino glorioso; por Jesus Cristo, nosso Senhor. Amém.

"Liturgia da Palavra", A grande vigília pascal, LOC

PARA REFLETIR: Is 53.1-9; **Mt** 5.11-16,38-48; 6.19-34; 10.37-39; **11.28-30;** Lc 12.16-21; Jo 19.1-16; Rm 8.1-8; 13.10-14; 1Co 3.1-4; 2Co 4.1-6; 5.17

Não confunda suportar o jugo de Cristo, que acarreta verdadeiramente morrer para o mundo, com o mero retiro a mosteiros ou claustros, ou a adoção de um conjunto de regras rigorosas. Nada disso importa se o coração permanece em desordem, se o amor é corrupto, se a pessoa permanece cheia de orgulho espiritual ou abriga um desdém farisaico pelos outros. Não se pode carregar o jugo de Cristo enquanto ainda se está escravizado à luxúria e inveja, ao ódio e maldade secretos. Ainda que tal pessoa se retire do mundo, o mundo não se retirou dela.

O jugo e a cruz de Cristo consistem em crucificar a carne junto com suas propensões pecaminosas, voltando-se do mundo para Deus. É preciso morrer todos os dias para o mundo e pela fé viva em Cristo. É preciso seguir os passos de Jesus em genuína humildade, confiando apenas na graça de Cristo.

Para esse arrependimento autêntico, essa conversão verdadeira e interna, Cristo nos convocou. Apenas ao arrependimento sincero é prometido o perdão de nossos pecados, que se torna acessível pela graça de Deus. Sem esse arrependimento, Cristo de nada nos serve. Um coração contrito, penitente e crente é o fruto da paixão de nosso Senhor atuando em nós. O fruto de sua ressurreição é a nova criação; ele vem para habitar em nós, e nós nele.

JOHANN ARNDT, O VERDADEIRO CRISTIANISMO, LIVRO I, CAP. 4, § 6-8

Ó Pai, acalma a turbulência de nossas paixões, aquieta a palpitação de nossas esperanças, contém a impertinência de nossos desejos, dirige o curso de nossos afetos e santifica todas as partes de nossa vida. Sê tudo em todos nós, e que todas as coisas terrenas habitem suavemente em nosso coração, para que renunciemos com alegria a tudo o que assim exigires. Que busquemos primeiro teu reino e tua justiça. Amém.

MARY CARPENTER (1807–1877), ORAÇÕES: ANTIGAS E MODERNAS

PARA REFLETIR: Sl 51.17; Is 57.15; **Mt** 5.2-12; **11.28-29**; 18.1-5; 20.24-28; 23.1-31; Jo 14.25-27; 1Co 13.1-13; **2Co 5.17**; **Gl 5**.16-17,**24**; **6.15**

Quando recebemos a fé pela qual nos reconciliamos com Deus, recebemos o Cristo por inteiro. Em consequência disso, o pecado e a morte, o diabo e o inferno devem fugir, pois alguém mais forte chegou; eles não conseguem resistir a ele. De fato, os méritos de Cristo justificam o pecador tão eficaz e poderosamente que, se os pecados de todo o mundo fossem lançados contra ele, não seriam capazes de condená-lo.

Assim, ó cristão, jamais cogite da ideia de que, por causa das fraquezas humanas presentes em você, o Cristo que o habita é necessariamente limitado. Ao contrário, saiba que a presença dele é um princípio vivificador, uma poderosa obra, e que nosso Senhor realiza uma verdadeira transformação de toda a sua pessoa. A fé alcança duas realizações. Em primeiro lugar, ela o enxerta em Cristo e lhe dá gratuitamente a vida dele, com tudo o que nosso Senhor possui. Segundo, a fé o renova em Cristo de modo que você possa crescer, florescer e produzir frutos nele. Porque Adão cedeu à tentação de Satanás, a semente da serpente foi plantada; cresceu e se tornou uma árvore que gerou o fruto da morte. Agora, porém, pela Palavra divina e pelo Espírito Santo, a fé como a semente de Deus é plantada nos crentes. Nessa semente todas as virtudes divinas estão latentes, prontas para brotar: amor, paciência, humildade, mansidão, paz, castidade e santidade.

Johann Arndt, O verdadeiro cristianismo, livro 1, cap. 5, § 9

Ó Pai, só tu sabes do que preciso. Tu me amas mais do que amo a mim mesmo. Dá-me o que não sei como pedir. Não ouso pedir nem por cruzes nem por consolações. Tão somente abro meu coração a ti. Vê, e age de acordo com tua terna misericórdia. Castiga ou cura, rebaixa-me ou ergue-me. Ensina-me a orar; ora em mim. Amém.

François Fénelon (1651–1715), Orações: antigas e modernas

PARA REFLETIR: Gn 3.1-15; Mt 4.1-11; Mc 3.20-30; Jo 15.1-11; At 26.17-18; Rm 11.13-24; 16.20; Cl 2.8-15; Ap 12.7-17; 20.1-3

Quando recebemos a fé pela qual nos reconciliamos com Deus, todo o reino de Deus desce sobre nós. A fé verdadeira e salvadora renova toda a pessoa, purifica e santifica o coração, e liberta-nos do amor pelo que é pecaminoso. A fé cristã une o crente a Deus; faz que ele sinta fome e sede de virtude; produz as obras de amor; e traz paz, alegria, paciência e consolo na adversidade. A fé nos torna filhos de Deus, e co-herdeiros com Jesus Cristo.

Todavia, se um filho de Deus não está consciente da alegria que a fé transmite, se não experimenta seu poder consolador, que ele não se desespere. Ao contrário, confie ele na graça concedida por Cristo. As promessas de Cristo sempre são certas e estáveis. Nosso Senhor é e sempre será o Cristo e Salvador, seja a fé que o abraça fraca, seja ela forte. Uma fé fraca tem uma parte de Cristo igual à forte, pois, seja a fé fraca, seja ela forte, ela possui Cristo por inteiro. A graça que é prometida é comum a todos os cristãos. Contamos com essa graça, independentemente de temperamento, saúde ou consciência da presença de Cristo. Todos são mantidos seguros no amor e na graça de Deus. A seu tempo, o Senhor o visitará com alegria e consolação confiantes.

JOHANN ARNDT, O VERDADEIRO CRISTIANISMO, LIVRO I, CAP. 5, § 9

Ó Senhor, ensina-nos a buscar a verdade que está em ti, e dá-nos forças para obtê-la. Concede que falemos a verdade em amor, para que, enquanto conhecemos o que é terreno, também conheçamos a ti e sejamos por ti conhecidos. Dá-nos neste dia teu Espírito Santo, para que sejamos teus, por Jesus Cristo, nosso Senhor. Amém.

THOMAS ARNOLD (1795–1842),
ORAÇÕES: ANTIGAS E MODERNAS

PARA REFLETIR: Sl 37.23-24; 77.7-10; **Mt 5.6;** 13.44-46; Ef 3.17; Fp 1.6; Cl 1.11-14; Hb 12.25-28; 13.20-21; 1Pe 1.3-9; 1Jo 2.15-29; 4.13-16; 5.6-12,18-21

Na medida em que todo o bem-estar da pessoa depende de sua regeneração e renovação, é vontade de Deus que todas essas mudanças estejam descritas e testemunhadas nas Sagradas Escrituras. Caso não se possa estabelecer uma confirmação nas Escrituras, aquilo em que se acredita é falso. O interno deve ser confirmado pelo externo, nas Sagradas Escrituras. Aquilo que ocorre em uma pessoa pela fé deve ser externamente descrito nas palavras das Sagradas Escrituras.

Visto que a Palavra é a semente de Deus dentro de nós, é necessário que deva brotar e produzir fruto. Isso é declarado fora de nós nas Escrituras, mas deve ser realizado dentro de nós pela fé. Se esse fruto não vem, então para nós a Palavra de Deus é semente morta, destituída da energia geradora de vida. Por conseguinte, devemos estudar e aprender na fé o que as Escrituras declaram sobre a experiência e o discipulado cristãos.

Assim como aconteceu com Abraão, o cristão deve deixar seu país e tudo o que possui, até mesmo a própria vida, a fim de caminhar diante de Deus com um coração perfeito, obter a vitória e entrar na Terra da Promessa. As Escrituras são o guia indispensável para a jornada, para medir o progresso e avaliar a experiência cristã.

Johann Arndt, *O verdadeiro cristianismo*, livro I, cap. 6, § 1-3

Toda a glória seja a Deus que, por seu grandioso poder que atua em nós, é capaz de realizar infinitamente mais do que poderíamos pedir ou imaginar. A ele seja a glória na igreja e em Cristo Jesus por todas as gerações, para todo o sempre! Amém.

Efésios 3.20-21

PARA REFLETIR: Gn 12.1-9; Is 34.16; 55.11; 59.21; Jr 15.16-18; **Lc 8.11-15;** 11.13; 24.13-27; Jo 14.26; Fp 3.4-16; Hb 11.17-23; 12.1-13

Considere agora, ó cristão, que excelente dádiva é o Senhor Jesus Cristo. Que seja a sua oração e súplica diárias empregar de modo verdadeiro e salvador todos os benefícios que ele traz; apropriar--se de todos os ofícios de Cristo com seu propósito planejado. Se você precisar dele como Remédio, será curado. Porque ele é seu Pão, sua alma será satisfeita. Será que ele é sua Fonte de vida? Então não terá mais sede. Será que ele é Luz para você? Então não permanecerá nas trevas. Cristo é sua Alegria? Então o que pode afligi-lo, no fim das contas? Ele é seu Advogado, que defende sua causa? Então que adversário poderá derrotá--lo? Ele é sua Verdade? Então quem poderá enganá-lo? Cristo é seu Caminho? Então quem poderá desencaminhá-lo? Ele é sua Vida? Então quem poderá destruí-lo? Nosso Senhor é sua Sabedoria? Então quem poderá fazer você de tolo? Cristo é sua Justiça? Então quem poderá condená-lo? Ele é sua Santificação? Então quem poderá rejeitá-lo? Cristo é seu Libertador? Então quem poderá escravizá-lo? Ele é sua Paz? Então quem poderá, enfim, afligi-lo criando turbulência? Ele é seu Propiciatório? Então quem poderá acusá-lo? Ele é seu Trono da Graça? Então quem poderá sentenciá-lo à condenação?

JOHANN ARNDT, *O VERDADEIRO CRISTIANISMO*, LIVRO 2, CAP. 1, § 5(A)

Bendito Espírito Santo, ensina-nos que não há maior liberdade que a de se deixar por ti conduzir, renunciando a calcular e controlar tudo e permitindo que tu nos ilumines, guies, dirijas e impulsiones para onde for do teu agrado, pois tu bem sabes do que necessitamos, a todo tempo e em todo lugar. Amém.

ADAPTADO DE PAPA FRANCISCO, *EVANGELII GAUDIUM*, CAP. 5, § 280

PARA REFLETIR: Is 12.3; Mt 9.12; Lc 2.10; Jo 8.12; 14.6; Rm 3.25; 1Co 1.30; Ef 2.14; 1Tm 2.6; Hb 4.16; 1Jo 2.1

Não apenas o verdadeiro cristão é justificado pela fé em Cristo, como também se torna ele templo e morada de Cristo. Com esse propósito o Pai enviou o prometido Espírito Santo para nos purificar o coração pela fé e nos tornar templos adequados para Cristo ocupar. Criando no fiel um novo coração, o Espírito Santo dota o cristão de uma mente alegre e pronta a fazer voluntariamente a vontade de Deus, sem compulsões. Essa obediência nova e santa provém, não de preceitos legais, mas de uma fé viva. Embora a lei contenha regras excelentes e divinas para guiar o discipulado cristão, seu propósito não é coagir os cristãos a fazerem o que é bom. Uma fé verdadeira e viva obedece voluntariamente. Essa fé viva renova a pessoa, purifica o coração e produz amor ardoroso pelo próximo. Espera por coisas boas que ainda não se realizaram. Ora, louva, teme e confessa a Deus diante dos outros. É paciente, humilde, misericordiosa, amorosa, mansa, facilmente harmonizável, compassiva e pacífica. Deve perdoar ofensas prontamente, ter fome e sede de justiça e abraçar toda a graça do Pai e todos os méritos de Jesus Cristo. Como a Oração do Senhor deixa claro, nada disso significa que um cristão vá alcançar santidade perfeita nesta vida; os maiores entre os santos permanecem bastante conscientes de suas fraquezas.

JOHANN ARNDT, *O VERDADEIRO CRISTIANISMO, LIVRO 2, CAP. 4, § 1*

Pai todo-poderoso e misericordioso, concede que Cristo, nosso Redentor, a Esperança de glória, seja formado em nós em toda humildade, mansidão, paciência, contentamento e entrega absoluta à tua santa vontade e satisfação. Conduz-nos a salvo por todas as mudanças aqui, em amor imutável a ti, em santa tranquilidade, descansando em teu amor, até virmos a habitar e regozijar-nos contigo para todo o sempre. Amém.

SIMON PATRICK (1626–1707), *ORAÇÕES: ANTIGAS E MODERNAS*

PARA REFLETIR: Jr 31.32-33; Ml 3.1-6; **At 15.9;** 1Co 3.16-17; **6.19;** Ef 2.19-22; **3.17;** 1Tm 1.9; Tt 2.11-15; **Hb 9.11-14; 10.16**

O nome "cristão" é o mais elevado e excelente no mundo, mais que qualquer nome encontrado em palácios e cortes. O nome "cristão" é o mais humilde de todo o mundo, sem exceção. A fé exalta o cristão acima de todos, mas o amor coloca o cristão a serviço de todos. Isso só pode ser entendido se considerarmos a vida santa de Cristo.

Contemplem como Cristo, o Filho de Deus, se tornou servo de todos! Quão humilde ele era de coração! Quão manso de espírito! Quão amável e bondoso em palavras! Quão benevolente em comportamento! Quão misericordioso para com os pobres! Quão compassivo para com os aflitos! Quão paciente com seus difamadores! Quão compreensivo em suas respostas! Quão misericordioso para com os pecadores!

A quem ele desprezou alguma vez? A quem ele desdenhou? Quão pronto estava a estender sua graça a todos e com isso buscar-lhes a salvação! Ele orou pelos inimigos, inclusive seus assassinos. O Senhor dos céus suportou nossas doenças, dores, acusações, chicotadas, feridas e punições. Com efeito, o que é a vida de Cristo senão o modelo mais perfeito de amor, humildade, paciência e todas as outras virtudes?

Reflitamos sobre isso, e que a vida de Cristo seja como um selo gravado em nosso coração.

JOHANN ARNDT, *O VERDADEIRO CRISTIANISMO, LIVRO 2, CAP. 11, § 2-3*

Ó Fonte de vida, cuja graça nos é suficiente e cuja força se aperfeiçoa na fraqueza, habita em nós para que, obedecendo a teus mandamentos, permaneçamos em teu amor. Então nossa paz será como um rio e nossa justiça, como as ondas do mar. Por Jesus Cristo, nosso Senhor. Amém.

JOHN S. B. MONSELL (1811–1875),
ORAÇÕES: ANTIGAS E MODERNAS

PARA REFLETIR: Is 53.12; 55.1-9; 63.1-9; **Ct 8.6;** Mt 15.32-39; Mc 1.41-45; Lc 7.11-17; **23.34;** Jo 12.12-16; 19.16-25; **Fp 2.5-8**

Pelo exemplo, nosso Senhor nos encoraja a orar. Em meio aos sofrimentos pelos quais passou, ele orou por nós: "Ele orou com ainda mais fervor, e sua angústia era tanta que seu suor caía na terra como gotas de sangue". Coloquem esse espelho de oração diante dos olhos. Quando se sentirem fracos e tímidos na oração, reflitam sobre o Senhor Jesus, que orou não por si mesmo, mas por vocês. Cristo abençoou e santificou sua oração; deu vida e eficácia a ela. Contemplem-no agora, pois ele, apesar de ser o verdadeiro Deus e, assim, possuir todas as coisas, sendo plenamente humano orou ao Pai em nome de vocês e tudo conseguiu para vocês. A vida dele foi uma oração contínua e um perpétuo desejo de cumprir a vontade do Pai.

Se, então, o Senhor e Salvador orou tão fervorosamente por vocês e foi ouvido pelo Pai, com certeza não permitirá que suas preces sejam derramadas em vão. Ele já alcançou todas as bênçãos para vocês; toda graça, toda luz e todo conhecimento são seus pela fé.

Portanto, implorem ao Senhor fervorosamente. Ele lhes fortalecerá a alma. Por meio dele, vocês obterão fé, amor, esperança, humildade, paciência e o Espírito Santo, junto com todas as virtudes cristãs.

Johann Arndt, *O verdadeiro cristianismo, livro 2, cap. 20, § 11-13*

Ó Deus, aperfeiçoa-nos no amor, para que vençamos todo egoísmo e ódio aos outros; enche-nos o coração com tua alegria e derrama nele tua paz que excede nosso entendimento, para que aquelas lamúrias e disputas a que somos tão inclinados sejam superadas. Faz-nos longânimes e gentis, e assim controla nosso temperamento impulsivo, e concede que produzamos os benditos frutos do Espírito Santo, para teu louvor e glória. Amém.

Henry Alford (1810–1871), *Orações: antigas e modernas*

PARA REFLETIR: Mt 26.36-46; Mc 14.32-42; **Lc 22.44**; 23.46; Jo 17.1-26; Rm 15.30; Ef 6.10-19; **Fp 4.4-7**; Hb 5.7-10; Ap 8.3-5

A idolatria se origina dentro do coração, não fora; é uma contaminação interna antes de se tornar externa. Para onde for que o coração se incline, com o que for que consinta, ao que for que se apegue por amor e propensão acima do verdadeiro Deus, isso se torna um ídolo. O objeto de idolatria pode ser a riqueza, o poder ou uma vida longa. Mas suas origens estão dentro do coração. É assim que Deus julga a questão, pois ele julga tudo de acordo com o coração, de acordo com a fé ou a falta de fé ali encontrada. Jesus disse claramente: "Onde seu tesouro estiver, ali também estará seu coração". Isto é, onde seu Deus, seu repouso, seu céu e sua paz estarão.

Examine com cuidado o objeto em que seu coração se fixou, pois ele é, com certeza, seu "deus", qualquer que seja sua identidade específica. Portanto, não existem ídolos no mundo além daqueles que o coração cria. O diabo é um excelente exemplo. Ele é o "deus deste mundo" apenas porque as pessoas o seguem, executam suas ações e obtêm prazer nas obras das trevas assim como ele. Desse modo, um coração perverso passa a tratar uma criatura finita como uma deidade.

Pode ser fácil evitar deuses mortos feitos de pedra. Mas tome cuidado para não idolatrar os vivos.

JOHANN ARNDT, *O VERDADEIRO CRISTIANISMO*, LIVRO 2, CAP. 22, § 4-6

Não sou digno, Senhor e Mestre, de que entres na morada de minha alma; mas, uma vez que em teu amor por todas as pessoas desejas habitar em mim, tomo coragem e me aproximo de ti. Abrirei bem as portas que criaste para que possas entrar com amor, como é tua natureza. Acredito que farás isso. Amém.

"SEGUNDA ORAÇÃO DE SÃO JOÃO CRISÓSTOMO", LIVRO DE ORAÇÕES DA IGREJA ORTODOXA RUSSA DE SÃO VLADIMIR

PARA REFLETIR: Gn 3.1-7; Sl 7.9; 37.4; 144.15; Is 40.18-23; 42.8; 43.10-13; 45.20; **Mt 6.21;** 8.8; Jo 5.18-21; **2Co 4.4;** Gl 4.8; 5.19-20; Cl 3.5

Os salmos comparam os humanos a um sopro que passa, uma sombra e um sonho. Ora, o que é uma sombra senão uma semelhança sem vida daquilo de que ela depende? De igual modo, em si mesmos os humanos não possuem substância, vida, força, nem qualquer capacidade. Dependem de Deus assim como a sombra depende de um corpo ou como a luz depende do sol. Qualquer um que se esqueça de sua dependência em relação a Deus engana a si mesmo; pensa que é algo quando não é nada. Quando isso acontece, a pessoa perde a dádiva de vida que provém do Deus Soberano e cai em seu próprio nada.

Esse não só é o maior dos pecados, mas também traz com ele sua punição. Pois quanto mais a pessoa se afasta de Deus e se volta a si mesma, tanto menos humana ela se torna. Em vez da glória de ser criada à imagem de Deus, tal pessoa cada vez mais se aproxima da miséria e calamidade extremas. Afastando-se de Deus e deixada a seus próprios recursos, a pessoa pune a si mesma. Quando os humanos se congratulam por seu poder, sabedoria, habilidade, honra e mérito, reivindicam para si o que, na verdade, pertence apenas a Deus.

Os justos sabem que só Deus é tudo em todos, e que eles existem e são sustentados apenas por sua graça.

JOHANN ARNDT, *O VERDADEIRO CRISTIANISMO, LIVRO 2, CAP. 23, § 1-3*

Ó Deus e Pai cheio de misericórdia, nós nos entregamos completamente em tuas poderosas mãos. Oramos por teu Espírito para que nos preserves de todo pecado, calamidade e perturbação de alma. Dá-nos o Espírito de graça e oração, para que tenhamos segura confiança em teu amor. Que nossos suspiros profundos e pedidos sejam aceitáveis aos teus olhos. Amém.

GOTTFRIED ARNOLD (1666–1714), *ORAÇÕES: ANTIGAS E MODERNAS*

PARA REFLETIR: Gn 1.26-31; 2.7-25; **Sl** 8.1-9; 18.2; **39.4-6; 90.5; 144.4;** Is 40.12-17; 42.6-9; At 17.22-31; Rm 1.18-32; **Gl 6.3;** Jd 1.5-13

Considere a apostasia do diabo. Ele se recusou a permanecer dentro dos limites, deveres e capacidades próprias a uma criatura. Com arrogância, reivindicou para si vida, glória, substância, capacidade e sabedoria. Tudo isso pertence apenas a Deus. A sombra exigiu ser a substância. Em decorrência disso, Deus permitiu a ele que caísse em seu próprio nada, deixando de sustentá-lo pela graça. O mesmo acontecerá a todos os que, por orgulho, ousam reivindicar para si o que pertence apenas a Deus.

Agora considerem uma segunda pessoa, o Filho de Deus encarnado, Jesus de Nazaré, nosso Senhor. Dele ouvimos: "Bom há somente um, que é Deus". Na submissão e obediência de nosso Senhor ao Pai celestial, ele negou reivindicar para si qualquer coisa que pertencesse ao Pai e rejeitou decididamente o conselho do diabo. Como Filho de Deus, foi obediente, chegando a morrer na cruz.

Pelo exemplo, nosso Senhor ensina como viver de acordo com a mais elevada sabedoria, a procurar o bem na Fonte de todo bem, a procurar a vida na Fonte de vida, a esperar bem-aventurança da Fonte de salvação e a buscar ajuda junto àquele para quem "nada é impossível".

JOHANN ARNDT, O VERDADEIRO CRISTIANISMO, LIVRO 2, CAP. 23, § 4-5

Ó Deus e Pai cheio de misericórdia, que o Espírito Santo acenda em nosso coração uma chama brilhante da verdadeira e bendita fé. Que tenhamos conhecimento vivo da salvação, e que nossa vida se torne oferta de gratidão pelas generosas bênçãos que recebemos. Dá-nos abertura para teu amor, a fim de que possamos amar-te em justa retribuição. Torna-nos aptos a prestar obediência a ti de coração disposto e alegre. Amém.

GOTTFRIED ARNOLD (1666–1714), *ORAÇÕES: ANTIGAS E MODERNAS*

PARA REFLETIR: Mt 3.13—4.11; **19.16-22; Lc 1.37;** Jo 5.30-38; 7.32-44; 8.39-47; 12.44-50; 17.1-8; **Fp 2.5-11;** Hb 3.1-6; Tg 3.13—4.10; Ap 12.7-12

Se o amor a Deus não é cuidadosamente formado pelo Espírito Santo, a alma pode cair em milhares de calamidades. A pessoa que ama a Deus por causa de coisas temporais ama a si própria mais que a Deus. Tal amor produz frutos impuros: egoísmo e glória pessoal. É carnal e terreno, não celestial e espiritual.

Existem quatro características do verdadeiro amor. Em primeiro lugar, ele se submete à vontade do amado. Segundo, ele abandona todas as amizades contrárias ao amado. Terceiro, o que ama se revela àquele a quem ama. Quarto, o que ama verdadeiramente procura se adequar ao amado. O amado é pobre? O que ama será pobre com ele. O amado é desprezado? O que ama suporta o mesmo desprezo. É doente? O que ama será também doente. Eles são iguais na prosperidade e na adversidade.

Dessa maneira, Cristo demonstrou seu amor por nós. Primeiro, o amor o levou a se sujeitar à cruz por nossa causa. Segundo, ele se identificou conosco, pecadores, e não poupou a própria vida por nossa causa. Terceiro, ele abriu o coração e nos chamou de amigos. Quarto, ele era como nós em tudo, exceto no pecado.

JOHANN ARNDT, *O VERDADEIRO CRISTIANISMO*, LIVRO 2, CAP. 24, § 2, 4, 6, 17-18

Ó Pai celestial, Pai de toda sabedoria, entendimento e força verdadeira, imploro-te que, em tua misericórdia, olhes por mim; envia o Espírito Santo ao meu peito para que, sendo chamado a lutar no campo pela glória do teu santo nome, eu, fortalecido pela tua mão direita, ouse fazer uma confissão de fé. Que por teu Espírito eu permaneça nessa fé até o fim de minha vida; por Jesus Cristo, nosso Senhor. Amém.

NICHOLAS RIDLEY (C. 1500–1555), *ORAÇÕES: ANTIGAS E MODERNAS*

PARA REFLETIR: Mt 9.10-13; 11.25-30; 12.15-21; 23.1-36; Jo 15.15; 1Co 13.13; 16.14; Ef 3.14-21; 5.1-2; Fp 2.7; Cl 2.7; 2Ts 1.12; 2.16-17

JOHN OWEN
(1616–1683)

O caminho da história da Igreja Anglicana que vai desde a autoproclamação de Henrique VIII como Chefe Supremo da Igreja da Inglaterra (1531) ao Ato da Uniformidade (1559), o acordo religioso elizabetano (1559) e, finalmente, a paz religiosa após três guerras civis (1642–1651), é uma das jornadas mais tortuosas, intrincadas e, ainda assim, produtivas na história do cristianismo. Só aos poucos a Igreja Anglicana alcançou uma conciliação entre visões conflitantes sobre como deveria ser. Não sem um considerável derramamento de sangue, a Grã-Bretanha conseguiu criar espaço religioso para anglicanos, católicos romanos, quacres, batistas e outros. Aos poucos, o anglicanismo foi bem-sucedido em concretizar uma visão de si mesmo tanto como reformado quanto católico, uma via intermediária entre a herança católica romana que remontava a Agostinho da Cantuária († 604) e as poderosas e criativas influências protestantes que surgiram após 1534. O puritano John Owen desempenhou um papel considerável nessa jornada.

Mesmo depois do acordo religioso estabelecido sob Elizabete I, os conflitos religiosos e políticos não se encerraram na Inglaterra. Haveria ainda diversas guerras civis. Muito do combustível para a primeira guerra civil (1642–1646) foi fornecido pelo conflito religioso entre Carlos I (r. 1625–1649) e o arcebispo Laud (arcebispo de Cantuária de 1633 a 1645), de um lado, e um poderoso grupo conhecido como puritanos, do outro. O rei e o arcebispo tentaram impor medidas sobre a igreja que provocaram forte indignação nos puritanos (um nome que eles consideravam ofensivo). Os puritanos, por mais diversos que fossem, "estavam todos decididos a purificar a Igreja, tal como entendiam a questão, das corrupções e abusos acumulados que o anglicanismo oficial parecia disposto a conservar".

Estavam determinados a remover tudo o que fosse "contrário às Escrituras em administração, culto e ensino". A Bíblia "deveria fornecer a direção para a conduta da vida diária" (McNeil, p. 19). Os puritanos ressaltavam a importância de um novo nascimento que resulta em uma abrangente transformação da vida em atitude e propósito — "piedade", como eles chamavam.

Durante o reinado de Maria I da Inglaterra ("Bloody Mary", r. 1553–1558), quando a hegemonia da Igreja Católica Romana foi restaurada, muitos protestantes fugiram para o continente em busca de proteção. Os exilados marianos, como eram chamados, inspiravam-se profundamente no protestantismo europeu, sobretudo quanto à teologia e à forma de governo eclesiástico desenvolvidas por João Calvino. Depois do início do reinado de Elizabete, quando os exilados marianos retornaram, seu ímpeto inicial de purificar a igreja aumentou. Eles insistiam que a reforma na Igreja da Inglaterra fosse completada por uma organização baseada, em grande parte, no protestantismo reformado. Isso acarretaria a implantação da teologia calvinista, a reforma do sacerdócio, o abandono do Livro de Oração Comum e a simplificação da vida e do culto público (livrando-os de toda "influência romana"). A rainha Elizabete sabia que seria impossível instituir a visão puritana sem perturbar radicalmente a paz recém-obtida de modo tão precário. O Partido Puritano era muito poderoso; em 1563, quase conseguiu convencer o órgão legislativo da Igreja da Inglaterra a impor o puritanismo na Igreja da Inglaterra. Perdeu por apenas um voto.

Um dos líderes puritanos mais influentes foi o galês John Owen, um teólogo pastoral educado em Oxford, calvinista rígido, educador e escritor prolífico. Entre os muitos cargos que ocupou contam-se os de ministro paroquial e pregador regular perante o Parlamento. Nesse último posto, atraiu a admiração de Oliver Cromwell, que o nomeou seu capelão na Irlanda. Cromwell também nomeou Owen chefe da Faculdade da Trindade, em Dublin, e mais tarde vice-reitor da Universidade de Oxford (1652), onde a teologia puritana se tornou o padrão. Owen ocupou diversos cargos públicos durante o protetorado de Cromwell (1653–1658). Em 1663, recusou um convite para se tornar ministro das igrejas congregacionais de Boston.

As obras reunidas de Owen abrangem dezesseis volumes. Ele foi um defensor da moderação diplomática e da confiança na expiação de Cristo para a santidade cristã.

◇◇◇◇◇◇ **153** ◇◇◇◇◇◇

É nossa vocação como cristãos aperfeiçoar a santidade no temor a Deus, crescer na graça e renovar diariamente a pessoa interior. Isso não pode ser feito sem a mortificação diária da carne, pois o pecado lança suas forças contra todo ato de santidade e contra toda medida de graça. Apenas aquele que mortifica o pecado todos os dias avança em direção ao fim da jornada. Aquele que não encontra oposição do pecado está em paz com ele, não morre para ele. O alicerce para aperfeiçoar a santidade no temor a Deus está assentado na meritória cruz de Cristo, em nossa conversão, em nossa convicção do pecado, no sofrimento piedoso e na implantação de um novo princípio de vida que se opõe ao pecado e o mortifica.

Muitos que se declaram cristãos, em vez de gerar o fruto de santidade no temor a Deus, mal produzem folhas. Proclamações de dons espirituais sobejam entre nós, e não de uma maneira trivial. Se fôssemos avaliar uma igreja pelas proclamações de dons espirituais, teríamos motivos para nos regozijar. Mas a verdadeira medida da santidade cristã se encontra na mortificação diária da carne, no crescimento diário na graça.

Que o Senhor envie o Espírito de mortificação para curar nossa letargia, pois apenas o Espírito Santo é capaz de realizar essa obra.

John Owen, A mortificação do pecado, cap. 2,
seção 6—cap. 3, seção 2

Ó Pastor das ovelhas, dá-nos para tomar aquela bebida celestial que é vida, e uma calma paciência para suportar o que Deus nos dá. Conduz-nos gentilmente quando passarmos pelo vale da sombra da morte. Guia-nos até que, por fim, na assembleia de teus santos, encontremos descanso para todo o sempre. Amém.

George Dawson (1821–1876), Orações: antigas e modernas

PARA REFLETIR: Ez 11.19; Rm 6.19-23; 8.1-17; **2Co 4.16**; **7.1**; Gl 5.16-18; Tt 2.11-14; **1Pe 2.2**; **2Pe** 2.20; **3.18**; 1Jo 1.7

Em sua primeira epístola, João assegura aos leitores que a comunhão dos crentes "é com o Pai e com seu Filho, Jesus Cristo". Na superfície, porém, convidar as pessoas a entrar em tal comunhão parece muito pouco atrativo; na igreja primitiva, os cristãos eram perseguidos e considerados pessoas desprezíveis. Seus líderes eram tidos como a ralé do mundo, como a água suja que sobra depois que se esfrega o chão. Assim, da perspectiva mundana, convidar as pessoas a entrar na comunhão cristã parecia contrário à razão; acarretava compartilhar acusações, problemas, desdém e todo tipo de oposição.

Como que para responder a tais objeções, embora o apóstolo não desconsidere as desvantagens, ele afirma que o convite era honrado, desejável e glorioso. O convite era para a comunhão com Deus, o Pai, e com seu Filho, Jesus Cristo. Mas como pode ser isso? Deus é luz; nós somos trevas. Ele é vida; nós estamos mortos. Ele é amor; nós somos inimizade. Tal distância faz que caminharmos juntos pareça impossível. Boas notícias! Por meio de Jesus Cristo, que é a plena manifestação de Deus, a distância foi vencida. Ele abriu um novo e vivo caminho de comunhão com Deus.

John Owen, Comunhão com Deus, o Pai, o Filho e o Espírito Santo, parte i, cap. i

---

Deus Todo-poderoso, Lar eterno dos redimidos, Refúgio dos exaustos, Força dos fracos, por meio de tua amável bondade e terna misericórdia, permite que conheçamos tua verdade, sejamos banhados em tua luz, bebamos de tua água viva e comamos do pão celestial. Então, ao passarmos pelo portal da morte, que entremos, enfim, em tua vida eterna, por Jesus Cristo, nosso Senhor. Amém.

George Dawson (1821–1876), *Orações: antigas e modernas*

PARA REFLETIR: Am 3.3; Mt 20.28; At 2.14-36; 2Co 3.15-18; Gl 4.4-7; Ef 1.3-12; 2.11-22; 4.18; **Hb** 4.16; 9.8; 10.19; **10.20; 1Jo 1.3;** Ap 5.1-10

BLAISE PASCAL
(1623–1662)

Uma das mais espinhosas e persistentes controvérsias na Igreja Católica Romana durante os séculos 17 e 18 centrou-se sobretudo na França. Girava em torno de um movimento chamado jansenismo e da oposição dos jesuítas a ele. O convento parisiense de Port Royal, sob a liderança da abadessa Marie-Angélique Arnauld (1591–1661), convertida ao jansenismo, tornou-se o eixo teológico do movimento. Apesar de no fim condenadas por três papas como heréticas, as ideias jansenistas receberam considerável apoio entre muitos católicos religiosos. Como representante do jansenismo, Blaise Pascal envolveu-se intensamente no movimento.

A controvérsia jansenista se deveu em grande parte à questão do papel da vontade em conjunção com a graça na redenção dos pecadores. O fundador do movimento foi o teólogo holandês Cornélio Jansênio (1585–1638), católico zeloso, professor da antiga Universidade de Louvain e bispo de Ypres, na Bélgica. Jansênio registrou sua teologia em um documento de três volumes intitulado *Augustinus*, publicado postumamente em 1640 e condenado em 1642 pelo Santo Ofício (departamento encarregado de defender a doutrina católica). Jansênio, um sério partidário da teologia agostiniana, enfatizava a insistência de Agostinho, contra Pelágio, em afirmar que a vontade humana pecaminosa e escravizada não pode, de forma alguma, responder ativamente ao soberano ato de Deus pelo qual ele redime os pecadores, ou contribuir para tal ato. Em contraste, os jesuítas, que deram o nome de jansenismo àquele movimento, ensinavam que Deus fortalece a vontade, possibilitando uma resposta ativa e obediente à dádiva da graça. Jansênio acreditava que a doutrina jesuíta comprometia a justificação pela graça por meio somente da fé. Em parte devido às similaridades do movimento com o calvinismo, inclusive quanto à predestinação e aos dogmas que a acompanhavam, os jesuítas se opuseram ferozmente a ele. Em 1713, o papa Clemente XI emitiu uma bula (uma proclamação formal emitida pelo papa) chamada *Unigenitus*, que resultou no fim do jansenismo.

Blaise Pascal foi o mais influente porta-voz do jansenismo, sobretudo nas cartas que escreveu publicadas sob o título *As provinciais* (1656–1657), em que atacava o raciocínio moral (casuística) dos jesuítas. Converteu-se ao jansenismo em 1646. Nascido em Clermont-Ferrand, Pascal era brilhante em todos os aspectos. Quando criança, seu pai lhe ensinou gramática, latim, espanhol e matemática. Em seus breves 39 anos, Pascal produziu diversas obras científicas, começando aos 12 com um tratado sobre a propagação dos sons e continuando aos 16 com um tratado sobre seções cônicas. Ele é considerado o inventor da calculadora mecânica. Deu contribuições significativas à matemática, física, geometria, economia, teoria da persuasão, ciência social e estética. Suas obras mais importantes são *As provinciais* e *Pensamentos*.

Pensamentos é uma obra inacabada que Pascal pretendia elaborar como uma extensa apologia (defesa) da fé cristã. Os *Pensamentos* são notas rápidas, fragmentos e meditações que deveriam servir como base para a planejada apologia. Foram encontrados após a morte de Pascal e publicados em 1669. Na apologia, Pascal pretendia provar que a vida sem Cristo conduz inevitavelmente ao ceticismo, ao desespero e à incompreensibilidade da existência humana. Só o Redentor, não a razão, pode resolver o enigma humano, que, de outra forma, é insolúvel.

Aos 30 anos, Pascal teve uma experiência mística conhecida como a "noite de fogo". Ele registrou a experiência em um bilhete e o costurou no forro do casaco. O relato foi descoberto após sua morte. Uma das linhas diz: "Alegria, alegria, alegria, lágrimas de alegria" (*Memorial*).

O objetivo último da razão, com referência à criação, é reconhecer que há uma infinidade de coisas que a ultrapassam. A razão é fraca se não o reconhece. Mas se isso é verdadeiro das coisas criadas, o que dizer da realidade divina?

Se submetermos tudo ao juízo da razão, a fé cristã perderá o sagrado mistério e as dimensões sobrenaturais. Mas se rejeitamos o papel adequado da razão, a fé cristã se torna absurda e ridícula.

O coração tem razões que a razão desconhece. Sentimos isso de milhares de formas. É mais natural para o coração amar a Deus e dar-se a Deus. Mas existe também um amor a si mesmo natural e adequado. O coração se endurecerá contra Deus se amar apenas a si mesmo e negar o amor a Deus.

É primeiramente o coração — o espírito de uma pessoa — que conhece Deus, não a razão. A fé é um dom de Deus; não é produto da razão.

Blaise Pascal, Pensamentos, seção 4, n° 267, 273, 277-278

Pai amoroso e celestial, incendeia meu coração com amor por ti. Assim, fazer tua vontade e obedecer a teus mandamentos não será doloroso para mim. Pois para aquele que ama, nada é difícil ou impossível. Ah, que o amor me preencha e me governe. Então brotará em mim uma semelhança com teu caráter e uma união com tua vontade, de modo que eu possa escolher o que escolhes e recusar o que recusas. Amém.

Extraído de Paraíso para a alma cristã (1869), citado em
Orações: antigas e modernas

PARA REFLETIR: Jo 5.39-47; 6.41-51,60-65; 16.4b-11; Rm 16.25-27; 1Co 2.6-16; Ef 1.7-10; 3.1-13; 6.18-20; Cl 1.26-27; 2.2; 4.3; 1Tm 3.16

Não se surpreenda ao ver pessoas que não são muito instruídas acreditarem no Senhor Jesus Cristo. O próprio Deus transmitiu-lhes o amor a ele. Inclinou-lhes o coração à fé. As pessoas jamais acreditarão com uma fé real e salvadora a não ser que Deus faça que seu coração se incline para ele. Davi disse: "Inclina, ó Senhor, o meu coração aos teus testemunhos" [NAA].

A fé cristã é adequada a todo os tipos de pensamentos. Algumas pessoas são convencidas por sua origem, pela pregação de Jesus. Outras são convencidas pelo testemunho dos apóstolos. Outras remontam à criação do mundo pelo Deus soberano.

Aqueles que creem sem serem capazes de empreender um estudo acadêmico da Bíblia o fazem porque estão convencidos internamente; tudo o que aprendem sobre a fé confirma essa convicção. Creem que Deus é o Criador, e desejam apenas amá-lo. Sabem que seus pecados os afastaram de Deus, que não têm força em si mesmos para vencer esse distanciamento, e que, se Deus não os ajudar, não conseguirão chegar até ele. Uma vez que estejam internamente convencidos disso, nenhuma outra garantia é exigida. Eles são confirmados em sua fé tão certamente quanto os mais instruídos. O Espírito de Deus está neles, como Jesus prometeu.

BLAISE PASCAL, *PENSAMENTOS*, SEÇÃO 4, Nº 284-287

Preserva-nos sem culpas, ó Senhor, em nossas idas e vindas neste dia. Enche-nos com a simplicidade de um propósito divino, para que nosso interior concorde com tua sagrada vontade e sejamos alçados acima dos desejos vãos. Que entreguemos de todo o coração todos os nossos poderes à obra que nos destes para realizar. Amém.

JAMES MARTINEAU (1805–1900), *ORAÇÕES: ANTIGAS E MODERNAS*

PARA REFLETIR: Sl 19.1-14; **119.36;** Pv 9.1-6,10; Mt 5.1-12; Lc 1.26-38; 12.32-34; 1Co 1.18—2.13; 3.18-23; 13.1-7; Fp 1.15-26; Tg 3.13-18

O ser humano não passa de um caniço, o ser mais fraco da natureza; mas é um caniço pensante. Não é preciso que o universo inteiro se arme para esmagá-lo; um vapor venenoso ou uma gota de água podem matá-lo. Mas se o universo o esmagasse, o ser humano ainda seria mais nobre que o universo, pois sabe que deve morrer e compreende a vantagem que o universo possui sobre ele. Em contraste, o universo não sabe nada disso.

Nossa dignidade como humanos consiste parcialmente em nossa capacidade de pensar, de compreender. É por meio dessa dignidade que devemos nos elevar. Empenhemo-nos em usar nossa mente de modo adequado, ou seja, na ordenação moral da vida. Esforcemo-nos por alcançar o equilíbrio, pois quando se quer levar as virtudes até os extremos, surgem os vícios. Não somos anjos nem animais; aquele que tenta agir como anjo age como animal.

É verdade, sou um caniço, mas, ainda assim, um caniço pensante. Não é no mundo natural irracional que estabelecerei a dignidade, mas na ordenação moral da vida e do pensamento. Se fosse possível possuir o mundo, este nada acrescentaria à ordem moral. Por meio do espaço, o universo me abarca e me engole. Mas, pelo pensamento ordenado, eu abarco o mundo.

Blaise Pascal, Pensamentos, seção 6, nº 347-348, 357-358

Ó Deus, protetor dos que em ti esperam, sem teu auxílio nada se fundamenta, nada é santo; concede-nos tua plena misericórdia, para que, tendo a ti por governante e guia, usemos de tal modo os bens que passam que possamos abraçar os que perduram. Por nosso Senhor Jesus Cristo, teu Filho, que vive e reina contigo, na unidade do Espírito Santo, um só Deus, para todo o sempre. Amém.

"Décimo sétimo domingo do tempo comum",
Coleta, Missal romano

PARA REFLETIR: Jó 32.8; Sl 8.1-9; 100.3; 139.14; Is 1.13-17; Mt 7.12; 19.13-15; Mc 2.16; Rm 5.6-8; Gl 3.28; Ef 2.4-5; 1Ts 4.1-9; 1Tm 1.5

Deus não é simplesmente um autor de equações matemáticas e dos componentes do universo. Ele não se limita a exercer sua providência soberana sobre os assuntos humanos. Também não concede arbitrariamente uma vida longa e feliz apenas àqueles que o veneram. Ao contrário, o Deus de Abraão, Isaque e Jacó, o Deus dos cristãos, é um Deus de amor e consolação. É um Deus que reside naqueles a quem possui. Ele não apenas os torna conscientes de sua miséria interior, mas, por sua infinita misericórdia, também se une voluntariamente a eles. Então ele preenche seu povo com humildade e alegria, confiança e amor.

Todos os que buscam a Deus fora de Jesus Cristo, ou que talvez depositem sua confiança na natureza, não encontrarão luzes que os satisfaçam. Cairão no ateísmo ou na crença de que Deus está distante do mundo.

Se o propósito do mundo fosse instruir os humanos plenamente sobre Deus, então em todas as suas partes a divindade reluziria claramente. Mas, porque o mundo existe apenas por Jesus Cristo e para ele, esse mundo aponta para a corrupção do ser humano e a necessidade de um Redentor. Em si mesmo o mundo não indica uma exclusão total nem uma presença inequívoca de Deus. Essa insuficiência exige um Redentor inequívoco.

BLAISE PASCAL, *PENSAMENTOS*, SEÇÃO 8, Nº 556

Vem, ó Senhor, com muita misericórdia dentro de minha alma; toma posse e habita lá, uma casa rústica, confesso, para Majestade tão gloriosa. Mas por teus santos desígnios tu a preparastes para tua recepção. Entra, então, adorna-a e transforma-a de modo que possas habitá-la. Deixa-me buscar-te com todo o meu ser e persistir até te encontrar e estar em plena posse de ti. Amém.

AGOSTINHO (354–430 D.C.), BISPO DE HIPONA,
ORAÇÕES: ANTIGAS E MODERNAS

PARA REFLETIR: Ne 1.10; Sl 5.11-12; 16.5-11; Is 53.1-11; Jo 1.10-18; 3.31-36; At 4.1-14; Rm 15.8-13; Ef 3.14-19; Cl 1.15-20; Hb 1.3

PHILIP JACOB SPENER
(1635–1705)

O apóstolo Paulo alertou contra uma "forma de piedade" que carece do poder do Deus vivo (2Tm 3.5, RA). Esse perigo nunca abandona a igreja. Ele se materializou em grande parte do protestantismo europeu pouco tempo depois da morte dos reformadores. Philip Jacob Spener, fundador do pietismo, discorreu sobre esse deslize.

A Reforma Protestante foi impulsionada por um retorno da realidade, não apenas da doutrina, da justificação pela graça por meio apenas da fé. Lutero, Calvino e outros reformadores proclamaram a Palavra de Deus, a boa-nova do evangelho de que, ao confiar radicalmente na expiação de Cristo, os pecadores podem verdadeira e gratuitamente ser transformados em novas criaturas. Podem ser libertos para servir a Deus e ao próximo na fé que atua por meio do amor. Como tal tesouro poderia se degradar?

Já no final do século 16, a vitalidade evangélica e a força moral da relação viva entre o crente e Deus começaram a se calcificar em um sistema doutrinal rígido. Tornou-se possível ser um "bom protestante" simplesmente afirmando a doutrina ortodoxa. Havia numerosas razões para isso, entre elas as guerras religiosas na Europa (1524–1648). O povo estava dividido pelo conflito entre governantes católicos romanos, luteranos e reformados sobre que tipo de cristianismo seria praticado em seus reinos. De modo geral, ainda que não exclusivamente, a religião do governante se tornava arbitrariamente a religião do reino. Muitas vezes, os governantes eram protestantes só nominalmente. Igreja e estado eram unificados, e os sacerdotes se tornavam funcionários estatais. Havia distinções de classe na igreja e na sociedade, o que pode ser exemplificado, na Alemanha, pelos bancos de igreja estofados para as classes altas e bancos duros na nave para os plebeus. A teologia luterana e reformada (calvinista) se transformou no escolasticismo protestante. A razão passou a ter primazia sobre a fé. Em vez de a fé evangélica buscar o entendimento com a ajuda da razão, a ordem passou a ser: a razão correta leva à fé correta.

Um movimento conhecido como pietismo, surgido logo após o final da Guerra dos Trinta Anos (1618–1648), procurou reverter o declínio. Foi precedido por uma forma de pietismo na Holanda. O pietismo renovou o imediatismo experiencial e a força moral, a piedade e o poder dos reformadores. Caracterizou-se por uma ênfase em vivenciar o novo nascimento, a recuperação do papel da laicidade na igreja, a assistência aos pobres, o nascimento das missões mundiais protestantes (lançadas em 1705 a partir de Halle, na Alemanha) e uma rejeição total ao "mundanismo" que infestava o protestantismo. Os pietistas formavam pequenas comunidades onde a santidade de vida era encorajada e praticada.

Philip Jacob Spener, nascido perto de Estrasburgo, em cuja universidade mais tarde estudaria, foi a figura mais importante do pietismo alemão. Outros líderes importantes foram August Hermann Francke (1663–1727) e Nikolaus Ludwig, conde de Zinzendorf (1700–1760). Desde a juventude, Spener tendeu a se afastar do confessionalismo convencional e a aproximar-se de uma prática vibrante de fé e piedade. Como estudante na Universidade de Estrasburgo, estudou Lutero e aprendeu a importância da laicidade. Estudos em Genebra o familiarizaram com a teologia de Calvino. Recebeu a influência de outros líderes cristãos, como o luterano Johann Arndt (1555–1621) e o puritano Lewis Bayly (c. 1565–1631). Em 1666, Spener se tornou pastor na afluente cidade de Frankfurt. Começou a ensinar a "verdadeira religião" à sua congregação e a reunir pequenos grupos em casa para orar e estudar a Bíblia. O nome *collegia pietatis* (do latim "escolas de piedade"), do qual se origina o nome pietismo, foi popularmente atribuído a esses grupos. O plano escrito para a formação de um discipulado mais rico em toda a igreja alemã foi apresentado no livro *Pia Desideria* (1675) ou *Desejos pios para a reforma da verdadeira igreja evangélica*. A reforma evangélica da igreja, acreditava Spener, deveria incluir não apenas a recuperação do papel da laicidade, mas também a reforma da educação sacerdotal para incluir a fé experiencial e a vida piedosa, a pregação que enfatizasse a piedade da vida acima do mero conhecimento intelectual, e a eliminação de controvérsias não proveitosas.

(Spener estava preocupado com as controvérsias desagregadoras entre cristãos, que feriam o corpo de Cristo e dificultavam a pregação do evangelho aos não crentes.)

Torna-se aparente que discutir não é suficiente nem para preservar a verdade entre nós nem para transmiti-la aos que estão no erro. O santo amor de Deus se faz necessário. Se tão somente nós, evangélicos, nos encarregássemos seriamente de oferecer a Deus os frutos de sua verdade em amor fervoroso, de nos conduzir de uma maneira digna de nossa vocação e de demonstrar isso em um amor puro e reconhecível ao nosso próximo, inclusive aqueles que são heréticos, praticando os deveres mencionados acima [p. ex., a defesa do ensino puro e a refutação de falsas opiniões]! Se tão somente os que estão no erro, mesmo sem conseguir ainda captar a verdade que testemunhamos, esforçassem-se (e nós mesmos deveríamos apontar-lhes essa direção) em começar a servir a Deus, no amor a Deus e ao próximo, pelo menos até o ponto de conhecimento que eles tenham conservado da instrução cristã! Não há dúvida de que Deus então nos permitiria crescer cada vez mais em nosso conhecimento da verdade, e também nos daria o prazer de ver os outros, cujo erro nós agora lamentamos, juntos a nós na mesma fé. Pois a Palavra de Deus tem o poder, desde que não seja obstruída brutalmente por aqueles que a proclamam ou por aqueles que a escutam, de converter o coração das pessoas.

Philip Jacob Spener, Desejos pios, p. 102

Ó santo Jesus, Príncipe de tua igreja, preserva tua esposa, que conquistaste com teu poder e redimiste e purificaste com teu sangue. Amém.

Jeremy Taylor (1613–1667), "Uma Forma de oração
ou intercessão para pessoas de toda classe", em Vida santa,
cap. 4, Orações para todo tipo de pessoa

PARA REFLETIR: Jo 17.20-24; At 18.24-28; Rm 12.2-13; 2Co 1.10; Gl 5.22-23; Ef 6.13-18; Fp 2.1-3; Hb 10.24-25; 1Pe 3.12; 2Pe 3.17-18

Toda nossa religião cristã consiste na pessoa interna ou na nova pessoa, cuja alma é a fé e cujas expressões são os frutos da vida, e todos os sermões deveriam se dirigir a essa questão. Por um lado, as preciosas boas ações de Deus, que são dirigidas à pessoa interior, deveriam ser apresentadas de tal forma que a fé e, por conseguinte, a pessoa interna fossem cada vez mais fortalecidas. Por outro lado, devemos nos esforçar para não nos contentar apenas em fazer que as pessoas se abstenham de vícios externos e pratiquem virtudes externas, preocupando-se, assim, apenas com a pessoa externa, algo que a ética dos pagãos também pode realizar, mas para estabelecer as bases corretas no coração, mostrar que o que não provém dessas bases é mera hipocrisia e, dessa forma, acostumar as pessoas, em primeiro lugar, a trabalhar no que é interno (despertar o amor a Deus e ao próximo por meios adequados) e só então agir de acordo com isso.

PHILIP JACOB SPENER, *DESEJOS PIOS*, P. 116

Ó Deus cheio de graça e bondade, Fonte de toda misericórdia e bênção, abriste tuas mãos misericordiosas e encheste-nos com amorosa bondade. Tu nos alimentas como um Pastor, tu nos amas como um Amigo e velas por nós perpetuamente como uma Mãe atenciosa cuida de um bebê. Assim como estendeste a mão sobre mim para me cobrir, enche-me o coração com gratidão. Que teus favores graciosos e tua bondade amorosa para com teu servo durem para sempre. Amém.

JEREMY TAYLOR (1613–1667), *ORAÇÕES: ANTIGAS E MODERNAS*

PARA REFLETIR: Mt 5.13-16; Lc 6.46-48; 1Co 3.9-13; 2Co 1.19-22; Gl 4.6; Ef 2.1-22; Cl 3.15-16; 1Ts 3.12-13; Tg 1.22-27; Jd 1.17-25

Devemos, portanto, enfatizar que os recursos divinos da Palavra e do sacramento se referem à pessoa interna. Em consequência disso, não é suficiente que escutemos a Palavra com nosso ouvido externo, mas devemos deixar que entre em nosso coração, onde poderemos escutar o Espírito Santo falar, isto é, sentir o selo do Espírito e o poder da Palavra com emoção e consolação vibrantes. Não basta ser batizado; a pessoa interna, que recebeu Cristo no batismo, também deve guardá-lo e dar testemunho dele na vida exterior. Não basta também receber a Ceia do Senhor externamente; a pessoa interior deve ser verdadeiramente nutrida com esse alimento abençoado. Não basta orar externamente com a boca; a verdadeira e melhor oração é aquela que acontece no interior da pessoa, expressando-se em palavras ou permanecendo na alma; seja como for, Deus a encontrará e receberá. Novamente, não basta adorar a Deus em um templo externo; a pessoa interna adora a Deus em seu próprio templo, esteja ou não em um templo externo naquele momento.

Philip Jacob Spener, Desejos pios, p. 117

Pai nosso, nós te agradecemos pela verdadeira Luz que brilha em nosso mundo com intensidade cada vez maior. Nós te agradecemos por todos os que nela andaram, principalmente aqueles em cuja vida vimos se manifestar a glória e beleza da fé cristã. Que aprendamos com os que estão agora contigo. Faz-nos regozijar com todos os teus santos que viveram e morreram na fé. Agora, ergue-nos até a luz, amor, santidade e bem-aventurança. Amém.

Rufus Ellis (1819–1885), Orações: antigas e modernas

PARA REFLETIR: Mt 6.5-8; Jo 6.52-59; 14.25-31; Rm 6.1-11; 8.1-11; 1Co 3.16-17; 6.19-20; 11.17-32; Gl 3.27; Ef 1.13-14; 3.1-21; 4.30; Tt 3.3-7; Tg 1.22

HENRY SCOUGAL
(1650–1678)

O sábio autor do livro de Hebreus enviou uma carta a um grupo de cristãos hebreus que estavam em perigo de abandonar a fé e voltar ao judaísmo. Sua tarefa era clara. Ele devia demonstrar a superioridade e o caráter definitivo de Jesus Cristo como supremo Mediador entre Deus e a humanidade. A carta se tornou um marco da fé e doutrina cristãs. No século 17, outro fiel e observador servo do Senhor, Henry Scougal, tomou da pena para encorajar um amigo que perdera a fé. Sua tarefa era ajudar o amigo a ver através do entulho formal e sem vida que muitas vezes bloqueia o centro definidor da fé como vida em Deus por meio de Jesus Cristo. A carta, publicada pela primeira vez em 1677, tornou-se um clássico da espiritualidade cristã que perdura há várias gerações. Essa carta foi providencial para a conversão de George Whitefield em 1735. O ensinamento e exemplo de seu autor marcaram profundamente os jovens metodistas de Oxford — Whitefield e os irmãos John e Charles Wesley —, que se tornariam os grandes propulsores do reavivamento evangélico do século 18. Susanna Wesley recomendara a carta a seu filho John quando ele tinha 18 anos. Citando Scougal, John Wesley definiu "religião prática" como "a vida de Deus na alma do ser humano" (*Obras*, vol. 1, p. 225; anotação no diário de 13 de setembro de 1739). A carta de Scougal ensina que Deus pretende que a humanidade desfrute comunhão com ele e manifeste a vida de Deus no tempo.

Henry Scougal foi um talentoso clérigo episcopal escocês que morreu de tuberculose aos 28 anos. Aos 15, entrou no Kings College, na Universidade de Aberdeen. Ao se formar, foi indicado para a posição de professor de filosofia. Ordenado em 1672, serviu por um ano como ministro paroquial e então retornou durante cinco anos ao Kings College como professor de teologia. Em sua breve vida, escreveu diversas obras; a mais célebre é *A vida de Deus na alma do homem*. A percepção geral é a de que o livro demonstra um notável discernimento para uma pessoa tão jovem. Scougal foi conhecido também pela ampla compreensão das Escrituras, um ponto que pode ser ilustrado pelo uso que faz delas em *A vida de Deus na alma do homem*. Scougal era exímio em latim, hebraico, grego e outras línguas. Em uma oração fúnebre, foi dito que ele "viveu muito em poucos anos e morreu um velho de 28 anos" ("Henry Scougal", CCEL).

Muitas pessoas falam livremente sobre a fé cristã, mas poucas a entendem. Algumas pessoas falam dela como se fosse apenas uma questão de razão, enquanto outras a definem como ortodoxia doutrinal. Outras ainda a definem de acordo com suas opiniões pessoais. Muitas vezes as pessoas só se identificam segundo uma das muitas seitas em que o cristianismo é dividido. Alguns identificam cristianismo com atuação e deveres exteriores tais como doar aos pobres, viver pacificamente com o próximo e frequentar a igreja. Acham que com isso realizaram tudo o que ser "cristão" significa. Outros identificam a cristandade aos afetos, os entusiasmos arrebatados ou êxtases de devoção nos quais eles oram com paixão e pensam no paraíso. Persuadem-se de que estão cheios de amor pelo Salvador. Às vezes uma raiva intensa contra os inimigos é encarada como santo zelo.

Sem dúvida a fé cristã é mais que essas sombras. A verdadeira religião é a união da alma com Deus, uma real participação na natureza divina, a própria imagem de Deus gravada na alma. É uma vida divina. É vida porque é um princípio interno, livre e motivador. É divina porque é vida escondida com Cristo em Deus; não se manifesta em nenhuma falsa aparência a fim de se autopromover no mundo.

HENRY SCOUGAL, *A VIDA DE DEUS NA ALMA DO HOMEM*, PARTE I

E agora, ó Deus da graça, incita em nós um forte e ardente desejo de que vivas dentro de nós. Capacita-nos a renunciar a nós mesmos para aprendermos com o Espírito Santo. Conduz-nos à tua verdade, pois és o Deus de nossa salvação. Guia-nos com teu conselho e depois recebe-nos na glória, pelos méritos e intercessão do teu bendito Filho, nosso Salvador, Jesus Cristo. Amém.

HENRY SCOUGAL, *A VIDA DE DEUS NA ALMA DO HOMEM*, PARTE 3

PARA REFLETIR: Jo 15.1-11; 6.51-59,66-69; Rm 8.5-11; Gl 4.19; Ef 2.1-10; 6.10-20; Cl 1.21-24; 2.1-5; 2Tm 3.1-11; 1Jo 1.5-10; 3.1-3; 4.13—5.5

A origem da vida divina é a fé em Deus. Seus ramos principais são o amor a Deus, o amor ao próximo, a pureza de coração e a humildade.

O amor a Deus é uma consciência prazerosa e afetuosa das perfeições divinas que levam alguém a se entregar completamente a Deus. Acima de tudo, essa pessoa deseja agradar a Deus e nada a deixa mais satisfeita que a irmandade e comunhão com ele; dispõe-se a fazer ou sofrer qualquer coisa por causa de Deus ou para agradá-lo. Embora o amor possa surgir por causa de favores e mercês de Deus, ao amadurecer esse amor transcende os interesses egoístas e funda-se na infinita bondade de Deus, manifestada na criação e na providência divina. Uma pessoa possuída pelo amor divino expandirá esse amor até abranger toda a humanidade. Tal amor resulta do fato de termos a imagem de Deus gravada no coração. Nesse amor, todas as partes da justiça e todos os deveres que temos para com o próximo estão compreendidos. Longe de ofender ou ferir o próximo, quem ama verdadeiramente a Deus repudiará qualquer mal que haja sido feito a outro como se houvesse sido feito a si mesmo.

HENRY SCOUGAL, *A VIDA DE DEUS NA ALMA DO HOMEM*, PARTE I

Luz eterna, brilha em nosso coração. Ó Bondade eterna, livra-nos do mal. Ó Força eterna, sê nosso apoio. Sabedoria eterna, dispersa as trevas de nossa ignorância. Compaixão eterna, tem misericórdia de nós. Concede que possamos sempre buscar teu rosto e, finalmente, leva-nos à tua santa presença. Assim, fortalece-nos para que, seguindo os passos de teu bendido Filho, recebamos tua misericórdia e entremos na alegria que prometeste. Amém.

ALCUÍNO DE YORK (C. 735–804 D.C.),
ORAÇÕES: ANTIGAS E MODERNAS

PARA REFLETIR: Dt 6.5; 7.9; Sl 18.1-2; 31.23-24; 40.16-17; 116.17; Is 1.1-3, 12-20; Jo 6.25-34; 14.21-24; 17.24-26; 21.15-19; 1Co 13.1-13; Gl 4.19

Não existe nada que se assemelhe ao conflito no seio desse Ser sempre bendito, cujo nome e natureza é Amor, em relação a seus planos para nós. Ele é o Capitão de nossa salvação. Que inimigo pode ser forte demais para nós quando estamos lutando sob os estandartes dele? O Filho de Deus não desceu do Pai e habitou entre nós para recuperar a vida divina para nós? Esse era o propósito de todas as obras que executou e todas as aflições que suportou. Para isso ele sangrou e morreu. É impossível que tal empreendimento fracassasse. O plano de Deus já funcionou para a salvação de muitos. Ele conhece nossas fraquezas e experimentou nossas tentações. O Pai enviou o Espírito Santo, que está agora percorrendo o mundo todo para despertar as pessoas para as coisas divinas para as quais elas foram criadas. Uma vez que se apodera de uma alma, ele acende a faísca do amor divino, dissipa os poderes das trevas, atiça a faísca até que se transforme em uma chama que nem uma grande quantidade de água poderá apagar, e facilita nossa jornada rumo à santidade.

Por que havemos de duvidar de que a verdadeira bondade e o verdadeiro amor possam nos dominar completamente? Não foi ele quem nos criou com a capacidade de nos corrigirmos? Não seremos capazes, com o seu poder, de expulsar qualquer intruso?

HENRY SCOUGAL, *A VIDA DE DEUS NA ALMA DO HOMEM*, PARTE 3

Ó Deus misericordioso, dá-me graça para esperar teu tempo e suportar com paciência o que escolheste fazer de mim, sem duvidar de nada ou desconfiar de tua bondade. Sabes melhor do que eu o que é bom para mim. Arma-me apenas com a armadura do Espírito Santo, acima de tudo com o escudo da fé, para que eu possa resistir. Que eu sempre me submeta à tua vontade e sirva à tua satisfação. Estou convencida de que tudo o que fazes só pode ser bom. A ti toda honra e toda glória. Amém.

LADY JOANA GREY (C. 1536–1554), *ORAÇÕES: ANTIGAS E MODERNAS*

PARA REFLETIR: Pv 4.18; Ct 8.7; Is 42.3; 53.11; Jr 1.4-5; 29.11; **Mt 6.26; 12.20; Jo 1.14;** Rm 8.31-39; **Ef 6.10-20; Hb 7.17-25; 2Pe 1.19**

Assim que pegarmos em armas nesta guerra santa, todos os santos da terra e todos os anjos do céu a nós se juntarão. Sim, a santa igreja em todo o mundo intercede todos os dias por nós. Sem dúvida as hostes celestiais estão infinitamente interessadas em que a vontade de Deus seja feita em nós assim como é feita no céu. Acaso não devemos ser tão encorajados quanto foi o profeta Eliseu quando Elias lhe mostrou os cavalos e as carruagens de fogo?

Fora com todos os medos embaraçosos e pensamentos desanimados! Agir com vigor e confiança na ajuda de Deus é mais que metade da batalha. É verdade que a vitória é obra do Senhor; não podemos produzi-la nem merecer o auxílio de Deus. O Espírito Santo deve descer sobre nós, Cristo deve ser formado em nós e sobre nós deve pairar o poder do Altíssimo. Mas essa obra não será realizada sem nosso compromisso. Não podemos ficar parados nas trincheiras e esperar que o Onipotente venha nos salvar. Precisamos desbravar o terreno e arrancar as ervas daninhas para receber as sementes da graça e o orvalho dos céus. Então o Espírito Santo elevará os atos de nossa alma além das expectativas da natureza.

HENRY SCOUGAL, *A VIDA DE DEUS NA ALMA DO HOMEM*, PARTE 3

E agora, ó generoso Deus, da riqueza de tua glória fortaleça-nos com poder interior por meio do Espírito Santo. Então Cristo habitará em nosso coração à medida que confiarmos nele. Que compreendamos a largura, o comprimento, a altura e a profundidade do amor de Cristo, para que sejamos preeenchidos com toda a plenitude de vida e poder que vêm de Deus. Amém.

ADAPTADO DE EFÉSIOS 3.16-19

PARA REFLETIR: 2Rs 6.8-23; Mt 6.9-13; Jo 14.18-31; Rm 15.13; **1Co 15.58;** 2Co 4.16-18; Fp 3.7-16; 1Ts 2.16-17; 5.9-11; Hb 12.1-3; Ap 1.4-8

FONTES BIBLIOGRÁFICAS

◇◇◇◇◇◇◇◇◇◇◇◇

As leituras, orações e hinos usados neste livro foram adaptados das fontes abaixo. Os títulos entre colchetes indicam o nome pelo qual as obras, em geral, são conhecidas em língua portuguesa e mencionadas ao longo deste volume.

Addai e Mari. Liturgy of the Holy Apostles, or Order of the Sacraments [A liturgia dos benditos apóstolos]. In *Liturgies and Other Documents of the Ante-Nicene Period*. Edimburgo: T and T Clark, 1872. Internet Archive. <https://openlibrary.org/books/OL22885546M/Liturgies_and_other_ documents_of_the_Ante--Nicene_period>.

Arndt, Johann. *True Christianity: A Treatise on Sincere Repentance, True Faith, the Holy Walk of the True Christian, Etc.* [O verdadeiro cristianismo]. Filadélfia, PA: Lutheran Book Store, 1868. Reimpr., Project Gutenberg, 2010. <http://www.gutenberg.org/files/34736/34736-h/34736-h.html#toc355>.

Augustine. *City of God* [A Cidade de Deus]. In series I, vol. 2, *Nicene and Post-Nicene Fathers*. Edit. por Philip Schaff. Reimpr. ed de 1885. Christian Classics Ethereal Library (CCEL). <http://www.ccel.org/ccel/schaff/npnf102>.

Bonaventure. "Prayers of St. Bonaventure" [Orações de São Boaventura]. Liturgies.net. <http://www.liturgies.net/saints/bonaventure/prayer.htm>.

Book of Common Prayer [Livro de Oração Comum, LOC]. Nova York: Church Hymnal Corporation, 1979. <http://justus.anglican.org/resources/bcp/formatted_1979.htm>.

Bunsen, Christian Carl J. *Prayers from the Collection of the Late Baron Bunsen* [Orações da coleção do finado Barão Bunsen]. Londres: Longman, Green, and Co., 1871. Internet Archive. <https://archive.org/details/prayersfromcoll00bunsgoog>.

Butler, D. *Henry Scougal and the Oxford Methodists or the Influence of a Religious Teacher of the Scottish Church*. Londres: William Blackwood and Sons, 1899. Google Books. <http://books.google.com/books?id=L2Pd5DRgD6MC&printsec=frontcover&dq=i-

nauthor:%22D.+M.A.+BUTLER%22&hl=en&sa=X&ei=Y-
GEKU97lJaPK0wGW7IDYDA&ved=0CCsQ6AEwAA#v=one-
page&q&f=false>.

Calvin, John. "The Argument of the Gospel of John". In vol. 1, *Commentary on John* [Comentário de João]. Trad. de William Pringle. Edimburgo: Calvin Translation Society, 1847. Reimpr., CCEL. <http://www.ccel.org/ccel/calvin/calcom34.pdf>.

———. "The Author's Preface." In vol. 1, *Commentary on Psalms* [Comentário de Salmos]. Trad. de James Anderson. Edimburgo: Calvin Translation Society, 1845. Reimpr., CCEL. http://www.ccel. org/ccel/calvin/calcom08.vi.html.

———. *Institutes of the Christian Religion* [Institutas da religião cristã]. Trad. de Henry Beveridge. Edimburgo: Calvin Translation Society, 1845. Reimpr., CCEL. <http://www.ccel.org/ccel/calvin/institutes>.

Catherine of Genoa. *The Life and Doctrine of Saint Catherine of Genoa* [A vida e a doutrina de Santa Catarina de Gênova]. Nova York: Christian Press Association Publishing Co., 1907. Reimpr., CCEL. <http://www.ccel.org/ccel/catherine_g/life.txt>.

Cranmer, Thomas. *The Works of Thomas Cranmer, Archbishop of Canterbury, Martyr, 1556* [As obras de Tomás Cranmer]. Edit. por John Edmund Cox. Vol. 2. Cambridge: University Press, 1846. Google Books. <http://books.google.com/books?id= DQw5AQAAMAAJ& printsec=frontcover&dq=Thomas+Cranmer&hl=en&sa=X&ei=L 3FpUq2jOdWo4AOtiYGIBA&ved=0CE8Q6AEwBg#v=onepage &q=Thomas%20Cranmer&f=false>.

Divine Liturgy of St. Basil the Great [Divina liturgia de São Basílio Magno]. St. Luke the Evangelist Orthodox Church. <http:// www.stlukeorthodox.com/html/orthodoxy/liturgicaltexts/divine liturgybasil.cfm>.

The English translation of Collects from The Roman Missal [Missal Romano] © 2010, International Commission on English in the Liturgy Corporation. Todos os direitos reservados. Reproduzido sob permissão.

Fénelon, François. *The Adventures of Telemachus, the Son of Ulysses* [As aventuras de Telêmaco]. Trad. de John Hawkesworth. Manchester, UK: Thomas Johnson, 1847. Internet Archive. <https://archive. org/details/adventuresoftele00fene>.

———. *Christian Counsel* [Conselho aos cristãos]. In *Spiritual Progress* [Progresso espiritual]. Edit. por James W. Metcalf. Nova York: M.

W. Dodd, Brick Church Chapel, City Hall Square, 1853. Reimpr., CCEL. <http://www.ccel.org/ccel/fenelon/progress.pdf>.

———. *Maxims of the Saints on the Interior Life* [Máximas dos santos]. Reimpr., CCEL. <http://www.ccel.org/ccel/fenelon/maxims.txt>.

Francis. *Evangelii Gaudium: Apostolic Exhortation on the Proclamation of the Gospel in Today's World.* 24 de novembro de 2013. <http://www.vatican.va/holy_father/francesco/apost_exhortations/documents/papa-francesco_esortazione-ap_20131124_evangelii-gaudium_en.html>.

Francis de Sales. *Introduction to the Devout Life* [Introdução à vida devota]. Reimpr., CCEL. <http://www.ccel.org/ccel/desales/devout_life.txt>.

———. *Practical Piety Set Forth by St. Francis of Sales, Bishop and Prince of Geneva.* Louisville, KY: Webb and Levering, 1853. Internet Archive. <https://archive.org/details/practicalpiety00fran>.

———. *Treatise on the Love of God* [Tratado do amor de Deus]. Nova York: Benziger Brothers, ca. 1884. Reimpr., CCEL. <http://www.ccel.org/ccel/desales/love.txt>.

Guyon, Madame Jeanne. *Letters of Madam Guyon* [Cartas de Madame Guyon]. Edit. por P. L. Upham. Boston: Henry Hoyt, 1858. Reimpr., Project Gutenberg, 2009. <http://www.gutenberg.org/files/30083/30083-h/30083-h.htm>.

"Henry Scougal". CCEL. <http://www.ccel.org/ccel/scougal>.

Hymnary.org. [Hinário] <http://www.hymnary.org/texts?qu=+in:texts>.

Ignatius of Loyola. "Three Prayers of Ignatius Loyola". *Feast of All Saints.* <http://www.feastofsaints.com/threeofignatius.htm>.

John of the Cross. *Ascent of Mount Carmel* [Subida do Monte Carmelo]. Trad. e edit. por E. Allison Peers. Reimpr., CCEL. <http://www.ccel.org/ccel/john_cross/ascent.txt>.

Liguori, Alphonsus Mary. "Prayer to the Holy Spirit" [Oração ao Espírito Santo]. *Feast of All Saints.* <http://feastofsaints.com/staholyspirit.htm>.

Luther, Martin. "The First Sermon". In *The Eight Wittenberg Sermons.* 1522. In vol. 2, *Works of Martin Luther, with Introductions and Notes.* Trad. de J. J. Schindel e C. M. Jacobs. Filadélfia, PA: A. J. Holman Co., 1915. Reimpr., Project Gutenberg, 2011. <http://www.gutenberg.org/files/34904/34904-0.txt>.

———. *On the Freedom of a Christian (or A Treatise on Christian Liberty)* [Da liberdade do cristão]. 1520. In vol. 2, *Works of Martin Luther.*

———. "Preface to the Letter of St. Paul to the Romans" [Prefácio à carta de São Paulo aos Romanos]. Reimpr., CCEL. <http://www.ccel.org/ccel/luther/prefacetoromans.txt>.

———. *Table Talk* [Conversas à mesa]. 1566. Trad. de William Hazlitt. Filadélfia PA: The Lutheran Publication Society, 1824. Reimpr., CCEL. <http://www.ccel.org/ccel/luther/tabletalk.txt>.

———. *A Treatise on Good Works*. 1520. Reimpr., CCEL. <http://www.ccel.org/ccel/luther/good_works>.

———. "Two Kinds of Righteousness". 1519. <http://www.mcm.edu/~eppleyd/luther.html>.

McNeil, John T. *Modern Christian Movements*. Filadélfia, PA: Westminster Press, 1954.

Metrophanes Kritopoulos. Citado em Davey, Colin. *Pioneer for Unity: Metrophanes Kritopoulos, 1589–1639, and Relations between the Orthodox, Roman Catholic and Reformed Churches* [Pioneiro da unidade]. Londres: British Council of Churches, 1987. Reproduzido sob permissão de Churches Together na Grã-Bretanha e na Irlanda.

More, Thomas. *Dialogue of Comfort against Tribulation* [Diálogo do consolo contra a tribulação]. Nova York: Sheed and Ward, 1951. Reimpr., CCEL. <http://www.ccel.org/ccel/more/comfort.txt>.

Owen, John. *Of Communion with God the Father, Son, and Holy Ghost* [Comunhão com Deus, o Pai, o Filho e o Espírito Santo]. 1657. Reimpr., CCEL. <http://www.ccel.org/ccel/owen/communion.txt>.

———. *Of the Mortification of Sin in Believers* [A mortificação do pecado]. 1656. Reimpr., CCEL. <http://www.ccel.org/ccel/owen/mort.txt>.

Pascal, Blaise. *Memorial*. 1654. Reimpr., CCEL. <http://www.ccel.org/ccel/pascal/memorial.txt>.

———. *Pensées* [Pensamentos]. 1660. Trad. de W. F. Trotter. Reimpr., CCEL. <http://www.ccel.org/ccel/pascal/pensees.txt>.

Rahner, Karl. "Before God" [Diante de Deus]. *Feast of All Saints*. <http://feastofsaints.com/index.html>.

Saint Vladimir Russian Orthodox Church. Prayer Book [Livro de oração da Igreja Ortodoxa Russa de São Vladimir]. http://www.saintprincevladimir.org/spiritual-guides/prayer-book/.

Scougal, Henry. *The Life of God in the Soul of Man* [A vida de Deus na alma do homem]. 1677. Reimpr., CCEL. <http://www.ccel.org/ccel/scougal/life.txt>.

Simons, Menno. *The Complete Works of Menno Simon[s]* [Obras de Menno Simons]. Pt. 1. Elkhart, IN: John F. Funk and Brother, 1871. Internet Archive. <https://archive.org/details/completeworksofm00menn>.

Spener, Philip Jacob. *Pia Desideria* [Desejos pios]. Trad. de Theodore G. Tappert. Filadélfia, PA: Fortress Press, 1964. Reproduzido sob permissão do editor.

Taylor, Charles. *A Secular Age* [Uma era secular]. Cambridge, MA: Belknap Press of Harvard University Press, 2007.

Taylor, Jeremy. *Holy Living* [Vida santa]. 1650. Filadélfia, PA: J. W. Bradley, 1860. Reimpr., CCEL. <http://www.ccel.org/ccel/taylor/holy_living.txt>.

Teresa of Ávila. *The Life of St. Teresa of Jesus, of the Order of Our Lady of Carmel* [Livro da vida de Santa Teresa de Jesus]. Trad. de David Lewis. Londres: Thomas Baker, 1904. Reimpr., CCEL. <http://www.ccel.org/ccel/teresa/life>.

──────. *The Way of Perfection* [O caminho de perfeição]. 1566. Londres: Sheed and Ward, 1946. Reimpr. ed. de 1964. Nova York: Image Books/Doubleday, CCEL. <http://www.ccel.org/ccel/teresa/way.txt>.

Thomas à Kempis. *The Imitation of Christ* [Imitação de Cristo]. Trad. de Aloysius Croft e Harold Bolton. Milwaukee: Bruce Publishing Company, 1940. Reimpr., CCEL. <http://www.ccel.org/ccel/kempis/imitation>.

Tileston, Mary Wilder. *Prayers: Ancient and Modern* [Orações: antigas e modernas]. Nova York: Doubleday and McClure, 1897. Internet Archive. <https://archive.org/stream/ prayersancienta00tilegoog/prayersancienta00tilegoog_djvu.txt>.

Walker, Williston. *A History of the Christian Church*. New York: Charles Scribner's Sons, 1959.

Ware, Timothy. *The Orthodox Church*. Nova York: Penguin Books, 1978.

Wesley, John. *The Works of John Wesley* [Obras]. Edit. por Thomas Jackson. 14 vols. 3ª ed. London: Wesleyan Methodist Book Room, 1872. Reimpr., Kansas City: Beacon Hill Press of Kansas City, 1986 (citado como *Works* no texto).

Esta obra foi composta com tipografia Janson Text e Mr Eaves

www.ingramcontent.com/pod-product-compliance
Lightning Source LLC
LaVergne TN
LVHW041509170726
843492LV00005B/1431